Learning & Being

シリーズ 学びとビーイング

学校内の場づくり、外とつながる場づくり

［編著］

河口竜行
Kawaguchi Tatsuyuki

木村剛
Kimura Go

法貴孝哲
Houki Takaaki

皆川雅樹
Minagawa Masaki

米元洋次
Yonemoto Yoji

3

りょうゆう出版

はじめに

　『シリーズ 学びとビーイング』の第3巻をお届けします。テーマは「学校内の場づくり、外とつながる場づくり」です。

　第1巻、第2巻と、学校と授業に焦点をあててきましたが、第3巻では、「場づくり」について考えていきます。

　「場づくり」という言葉は、最近では様々な分野で使われるようになっています。しかし、学校の場合、児童・生徒が教室に集まり、教員がその前に立ち授業をすることが、明治の学制改革以来、当たり前のように行われてきたためか、「アクティブラーニング」に注目が集まった2010年代まで、「場づくり」の意味や必要性はあまり意識されてこなかったのではないでしょうか。

　学校に代表される教育の世界に限らず、企業でも地域でも人々が集まり、成長を目指すときには、主体的で対話的な学びが必要になることは、間違いありません。だとすれば、人が主体的で対話的であるためには、どんな「場」が必要なのか、より良い「場」をつくるためには、どうしたらよいのか、などについて、あらためて具体的に考えてみることは、私たちにとって大切なことでしょう。

　さらに本書ではテーマに「内」と「外」という言葉を入れました。「場」は人や組織の内側だけで閉じられるものではなく、外に踏み出し、互いにつながることがポイントになると考えるからです。

　本書では、「場づくり」について、様々な立場からの多彩な実践や考え方を発信していただきました。本書をベースにして、多くの対話が生まれることを願っています。

　2023年9月

編集委員一同

『シリーズ　学びとビーイング』の刊行にあたって

第1巻に掲載したものをそのまま再掲します。

　このたび『シリーズ　学びとビーイング』を刊行します。

　先行きが見えない社会のなかで、自分は何を大事にするのか？　自分のビーイング（Being：あり方）は何か？　を考え続けてみたい、そして面白いことをやってみたい。教育や学校をテーマにした研修会や本づくりで関わり合ってきた6人が、そんな気持ちを持ち寄ってこの本が生まれました。

　この本で考えてみたいテーマは、例えば次のようなものです。
　「学校」とはなんだろう？
　「授業」とはなんだろう？
　「学ぶ」とはなんだろう？
　「ドゥーイング（Doing）」ではなく、「ビーイング（Being）」から考えるとはなんだろう？

　大きなテーマばかりですが、自分と向き合い、場と向き合い、能力と向き合いながら、どこにいても、どんな時もずっと考え続けていきたいことです。

　これらのテーマで本をつくろうということは、6人の間ですぐに決まりました。しかし、具体的な企画を考え始めたところで、誰からともなく次のような言葉が浮かんできました。「これは一冊の本でなにかを提示したり、まとめたりできるようなことではないのでは」「私たちだけで考えるのではなく、多くの志を同じくする仲間と交流をしながら考えていくほうがはるかに大きな成果を生み出すのでは」と。

　そんな気づきから「学びとビーイング」をメインテーマにした、寄稿を中心とするシリーズを刊行することに決まりました。『シリーズ　学びとビーイング』は、2022年秋から4冊の刊行を予定しています。

　この本の特徴の一つは、シリーズ各巻の特別テーマについての論考を多くの

方からの寄稿を中心に構成したことです。教員として現場に立っている方々を
はじめ学校以外の多彩なフィールドで活動している方々にも寄稿をお願いしま
した。日頃、なかなか交流することのない異分野・異業種からの発言は、テー
マを深く考えるためのきっかけとなり、より豊かな議論をスタートさせる土台
になるのではないかと考えています。

　この本は、読者の皆さんに一つの「答え」をお見せするタイプの本ではあり
ません。一つのテーマに対して、この本をベースに対話の場がたくさん生まれ
ることを目指しています。

　最後に、この本の編集委員の6人は『シリーズ　学びとビーイング』の刊行
を進めるとともに「学びーイングサポーター」として活動していきます。多く
の方々と共に歩んでいきたいと思います。

2022年9月

編集委員
（学びーイングサポーター）

河口竜行
木村　剛
法貴孝哲
皆川雅樹
米元洋次
安　修平

特別寄稿
学校内の場づくり、外とつながる場づくり

『シリーズ 学びとビーイング』の第3巻は、「学校内の場づくり、外とつながる場づくり」がテーマです。

主体的・対話的で協働的な学びが大切とされるようになり、その学び方を保障する「場」をいかにつくるかがあらためて課題となっています。そしてその流れのなかで、学びの場は、当然、学校の外にも広がりますし、外と内との連携も大切になってきました。

今回の特別寄稿では、学校の内と外とつなげるような「場づくり」に注目した結果、いわゆる教員である方とない方の寄稿がほぼ半分ずつとなりました。元教員として新たなステージで活動する方、教員と協働しながら生徒とかかわる方、学校の外側から学校の変化を促す活動をされる方、そして学校とは直接のかかわりを持たずに若い人たちを支援する方などから、多彩な提言をいただきました。

ここで誤解のないようにお伝えしたいのは、テーマの名称としては、「内」と「外」と記していますが、私たちは「内」と「外」をはっきりと区分して捉えているいるわけではないということです。学校と社会とは当然のことですがつながっています。そのつながりの色合いはグラデーションのようになっていて、どこかで明確に区切れるものではありません。そこにかかわる生徒、教員、保護者、学校、地域の方、自治体職員、教育関係者などプレーヤーの参加の仕方も、その時々で変化していきます。「場」は、アメーバのように常に形や大きさを変え、つながったり分裂しながら動いているものなのです。

もうひとつ、今回は、教員のための「場づくり」をテーマにした寄稿が目立ちました。教員同士がどう協働し、学び合うのか。見逃されがちですが、これが現在の大きな課題なのだとあらためて知ることができました。そして、そこでも「内」と「外」とのつながりの大切さが語られています。

「場づくり」という大きなテーマについて、自由に書いてほしいという「無茶」なお願いに応えていただいた寄稿者の皆さんにはあらためてお礼申し上げます。今回は、これまで以上に多彩な論点が提示されました。この寄稿をよりどころとして、対話の場がたくさん生まれることを確信しています。

学校が生徒らの「出会いと原体験」の場を拡張するためにできること

川崎淳一

札幌新陽高等学校 教諭
理科・コミュニケーションセンター（地域連携）担当

コロナによって閉ざされた地域との直接交流

　札幌新陽高校は、前身の札幌慈恵女子高校の時代から、地元（札幌市南区澄川）の方々との繋がりを大切にしてきた。地域のお祭りに生徒がボランティアとして参加したり、地域の方々と一緒に清掃活動をしたり、冬季間には本校のグラウンドにある丘を使ってスキー教室を実施していたという過去があった。こういった地域との交流の機会は、生徒が学校だけでは学べないことに触れる機会であると同時に、市内でも高齢化率の高い南区における活力源にもなっており、お互いに支え合いの関係性があったのだと思う。

　私が札幌新陽高校に赴任したのは 2019 年 4 月のこと。上にも書いたように新陽にはたくさんの「繋がり」とそこで生まれる「出会いと原体験」の機会が準備されていたが、どこか「新陽内部だけ」で盛り上がっている感覚があり、その対象をもっと広げ高校の枠を超えてたくさんの方々と共有していきたいと感じ「地域連携事業」の整理に取り掛かった。

　2019 年度末に日本全国に感染が広がった新型コロナウイルスは、学校教育の現場にも大きな影響を与えた。全国的な一斉休校に伴う対面授業の消失、ICT の利活用におけるオンライン授業の浸透は、学校や授業のあり方についての当たり前を疑うことに繋がった。結果として、「直接会わなくてもできることはあるが、直接会わないとできないことがある」という、ごくごく当たり前なことを再認識することになる。しかしながら、未知のウイルスによって、直接交流・体験の機会はほぼ消失してしまった。

　「外出自粛・STAY HOME」が続く中、生徒たちには限界が近づいていた。授業の休み時間や放課後、地域の公園や河川敷で少人数・短時間で集まって話をしているという様子が目に入り、どうにかそういった場を学校で準備できないか試行錯誤した。そんな中で、最終的に活動許可をいただけたのが町内会だ

った。地域に流れる河川の清掃活動・生態調査の活動には、直接交流の機会に飢えた数十人の生徒たちが集まった。改めて、人が集まる・人が直接交流するということに対する意味や価値を再認識することになった。

義務教育でないからこそ進めたい地域連携

　私が「地域連携」に対して主体的に取り組んでいる理由は以下の3つである。

①学校を地域に開き、みんなで子どもを育てる社会づくりを進めるため

　「地域に開く」ことは、そこにいる子どもたちの成長に関わる人が純粋に増えることを意味している。家庭のあり方が変わり、若者が学校以外で過ごす場所も増え、学校のあり方自体が問われる今、それぞれの「箱としての役割」を超えて互いに手をとっていく仕組みが必要と考えている。地域学校協働活動（参考：文部科学省HP「学校と地域でつくる学びの未来」）を実現するために、各ステークホルダーが手を取り合う必要があるのだろう。しかしながら、私たちのような私学は地域学校協働本部の機能を持つことができないため、自前でこれらのネットワークの全てを構築しなければならない状況がある。ここに熱量をもって取り組める人がいれば良いが、日常業務の隙間をぬってネットワークづくりを推し進められる教員はそれほど多くないのではないだろうか。

②全ての人にとっての「出会いと原体験」の場を守るため

　これは、部活動がイメージしやすい。進学した学校で希望する部活動がなかった場合、その生徒は活動の機会すら与えられない。近隣の学校に希望する部活動があったとしても、「所属」の問題が生じる。もし、自身の所属校以外の課外活動への参加に対するハードルが下がったとしたらどうか？　部活動の顧問として教員が面倒をみられない場合に、地域のスポーツ指導経験のある方を顧問として迎え入れることはできないだろうか？　これをクリアすることで若者たちの原体験の機会は守られるし、学生期間を終えた大人にとっての原体験の場にもなりうると考えている。

③進む孤立・孤独化を食い止めるために

　国際連合の「世界幸福度報告」および日本政府の「孤独・孤立の実態把握に関する全国調査結果報告」から、日本は国際的に見ても孤立・孤独化の進む地域であることが読み取ることができる。中学生・高校生で味わう偏差値による分断の経験や、核家族率の増加や町内会との関わりを持たない大人の背中を見る若者たち、大声を出してはいけない公園ができた事実など、お互いに関係を

持てない・持たない理由はたくさん挙げられる。どれも「他者への寛容さ」が影響しているが、これについては「自分と違う人」と接し、関わった機会の頻度に依存するのではないかと考えている。こういった意味で、地域に眠る多様な人材が学校教育に関わりやすくすることに大きな価値がある。

　地域と協働でプロジェクトを進めていく上で、自身が生活している地域かどうかはモチベーションに大きく影響することが予測される。公立小中学校のように、自身が住んでいる地域に学校がある場合は、地域学習を行うに際して比較的当事者意識を高く持って取り組むことができると予想できる。また、協力してくださる地域の方々も、顔をあわせる機会の多さも相まって本気度が高まる可能性が高い。一方で、高等学校においては、他地域からもたくさんの生徒が来るため、特に学習者側の動機が弱まる可能性がある。在学中に地域との積極的な関わりの場を提供することで、関係人口の増加を狙うことができるかもしれない。つまり、人口減少フェーズに突入した北海道札幌市が抱える問題を1つクリアできる可能性を秘めており、また、今後の日本の急激な人口減少を考える上でも大事なプロセスであると考えている。

事例紹介「新陽まなびの連携バンク」

　私は、2022年度よりコミュニケーションセンターという部署で、地域や団体の方々との連携・調整を担当している。担当者となってから始めた「新陽まなびの連携バンク」という取り組みを紹介する。

【実施の目的】

(1) 澄川地域に住む多様な人的資源をリスト化し、アクセスを容易にすることによって、教員だけでは達成しづらい教育活動の実現を目指す。

(2) 生徒や教職員が実際に地域の方と触れる機会を増やすことによって、現在地域が抱える課題に対して目を向け、解決に向けた行動を促す。

(3) 学校が地域住民にとってのコミュニティスペースとして多様な人が集う場所となることを実現し、名実ともに「地域に開かれた学校」「地域に開かれた教育課程」を達成するための一歩とする。

【概要】

新陽高校に関わってくださる、多様なスキルを持つ人材の繋がりの見える化

　2022年3月に連携バンクの説明会を実施しバンクへの登録者を募集したと

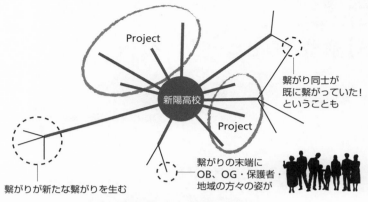

繋がりの「見える化」とプロジェクト

ころ、町内会の方々を中心に、新陽高校のOB、OG・新陽高校の取り組みに
興味を持ってくださる方々約40名の協力を得て事業をスタートすることがで
きた。各校・各個人が持っている人材ネットワークはあるものの、それが可視
化され誰でも使えるようになることは、教育リソースの充実に繋がると考えて
いる。連携バンクの事業を進める上で、上図のような発展の仕方をイメージし
ていた。お互いが持っている繋がりをマッピングすることで、新たな繋がりが
見えるかもしれない。そして、そこで新しくプロジェクトが立ち上がったり、
また新しい繋がりの枝が増えていったりと、より自律的にお互いが関わりあう
仕組みが誕生することを強く期待している。

LIKE AN RPG HERO

　地域と積極的に関わりはじめてから、毎日がロールプレイングゲーム（RPG）
の主人公になったような気持ちである。直接人に話を聞くことで新しい発見が
ある。新しく発見したことを調べて、また誰かに相談しにいく。そうすると新
しい人を紹介してもらうことができ、次のストーリーが生まれる。「地域」を
意識しながら学校教育に携わったここ3年間、そういった体験の連続である。
　学校の先生は忙しいと言われている。状況はそれほど変わらないかもしれな
いが、少しだけ肩の力を抜いて外の世界（学校の外の世界）に触れようと思う先
生が1人でも増えることを期待している。きっとRPGの主人公になった気持
ちで、ワクワク楽しい気持ちになるのではないだろうか。そして、この気持ち
を子どもたちに伝えたくなる。それは子どもたちの出会いと原体験の場の創出
に繋がっていくのだろう。

かわさき・じゅんいち　北海道教育大学教育学研究院修了。2019年4月に新陽高校に赴任し
「生きたいように生きる」を最上位目標とする探究コースに所属。人が育つ環境や学校のあり
方への関心が高まる。PBL・教科横断的な学習デザインに挑戦している。

「対話型AI」とビーイング

小林徹也

茨城県立竜ヶ崎第一高等学校・附属中学校 教諭 数学科

1.　対話型AI　ChatGPT

　2015年に設立された「Open AI」が開発したChatGPTは自動応答チャット生成AIです。2021年までに収集された、Web上にある処理されたテキストデータを基にし、さらにユーザーが入力したデータを用いて継続的に学習し、回答します。入出力はテキストですが、こちらの声で入力したり、AIの声（音?）で回答が聞けたりも可能で、人間に近い自然な会話ができるといわれます。情報検索もでき、さらに、こちらの入力した長文を要約したり、和文英訳、英文和訳、読書感想文・メール文・レポート・記事・投稿文・論文・プログラミング言語のソースコードの作成、ソースコードのバグを検知したりもしてくれます。それらは対話を重ねながらよりよい返答を引き出すことが可能なため、私は「生成系AI」などではなく「対話型AI」と呼ぶことにしています。それは便利さゆえか、リリース後わずか2か月でユーザー数1億人を突破、今年に入るとMicrosoftが開発元のOpenAIに対して100億ドルを投資することが報じられるなど、注目されており、利用する企業も少なくありません。

　一方、対話型AIを生徒・学生に利用させることについては否定的な意見もあります。その理由として、倫理やプライバシーの保護、誤った情報をだすことがあること、感想文等AIが作ったものを生徒が自作とすることなどが挙げられています。

　しかし、対話型AIは有効・有用な技術であり、それを避けては通れず、であれば早くから使うようにした方がよいと考える人もいます。例えば、ナイフなどの刃物は人を傷つけることもできますが、料理をはじめ有用性が高く、小学生から家庭科で使い方を学びますよね。自動車も似たところがあります。制限時速など、様々なルールがあり、安全装置もあります。もっとも運転免許は決められた年齢に達しなければ取得できません。その意味で、対話型AIを使用し始める学齢の検討も必要かもしれませんが。

さて、AIに何をどのようなことばで入力したら望むような回答を引き出せるのでしょうか？　そのためにプロンプトエンジニアリングという手法があります。

　AIに次のように聞いてみました。

「プロンプトエンジニアリングについて150字以内で箇条書きで教えてください」

　AIの回答です。

「プロンプトエンジニアリングの要点を箇条書きで説明します：

・モデルへの入力となるプロンプト文を設計する
・タスクの目的や要件を明確に表現する
・適切な文脈や情報を提供する
・必要な指示や制約をプロンプトに組み込む
・プロンプトの修正や微調整によって出力の品質を向上させる
・プロンプトの効果を評価し、必要に応じて改善を行う
・プロンプトエンジニアリングには実験や反復が必要である
・プロンプトの設計はモデルの応答をコントロールする重要な手法である」

2.　高校生にChatGPTを触れさせたい！

　さて、勤務校はスーパーサイエンスハイスクール（SSH）です。そこでは「問う力」の育成がテーマです。そこで、私は生徒たちにChatGPTを使ってほしいと思うようになりました。なぜならば、AIにどのように問うか？　いいかえるとプロンプトエンジニアリングの活用と本校SSHのテーマは同じ方向を向いているからです。一方、本校では学校長の発案で、実社会で役立つ高度で実践的な課題解決手法を手に入れるため、株式会社Globableに指導を依頼、中高生にワークショップを実施していただいています。また、AIについて学ぶため、（株）ソフトバンクの「AIチャレンジ」の教材を利用し、高校1年生全員が学んでいます。また、SSH校ですから、大学の先生方からの探究のご指導などは日常的ともいえます。これらは教育におけるアウトソーシングです。思えば、私が顧問の柔道部では部活動（外部）指導員に指導をお願いしていますが、それもアウトソーシングですね。それらの成果として、生徒には本校教師の指導を超えるものを与えていると感じています。少なくとも私は外部の人材活用に抵抗はありません。私はネット上の記事を見ているなかで特定非営利活

動法人ニュークリエイター・オルグが中高生にChatGPTの指導をしてくれることを知り、下記の企画を提案し実施しました。

「ChatGPTを用いたクリエイティブな学びの体験をしよう！」

1 目的 ChatGPTを利用する際は、こちらで何をどのように問うかで、ChatGPTからの回答が異なります。また、その回答に対し、さらに何をどのように問うのかも考えなければなりません。プロンプトエンジニアリングとは、AIに対して適切な質問や指示を与えることで、より望ましい結果を引き出す技術です。プロンプトエンジニアリングを学ぶ授業を通じ、次のことを目的とします。
　　（1）生徒の「問う力」育成
　　（2）【目的はその他にもありますが、ここでは省略します】
2 対象生徒　2年A組40名
3 開催日時　'23年5月26日（金）　13:15-15:05
4 場所　会議室
5 指導者　特定非営利活動法人ニュークリエイター・オルグ
　　　　　　理事長 改野由尚　副理事長 浅賀功匠
6 もととなる企画　学校向け無償体験授業
「驚きの未来技術体験！プロンプトエンジニアリングを体験しよう」
中高生にChatGPTを用いたクリエイティブな学びの体験を提供
https://prtimes.jp/main/html/rd/p/000000008.000054915.html

なお、事前に保護者からChatGPT使用の許可を得ました。また、講義中には対話型AIの使用上の注意が指導されました。そしてChatGPTに日記を書かせるなどの実習がありました。

3.　高校生にChatGPTを触れさせたことからわかること

実施後にはアンケートを取りました。いろいろな高校生の感想が書かれていました。

「日記を作るなど文章を作らせるととてもいいものができるので、文章を作る発問をするのが一番楽しかった」

「日記の設定を考えてみたり、プロンプトを考えたりするのが、ただChatGPTを使うだけでなくて、利用する側の想像力・思考力を刺激されていて楽しかった」

まさにこちらの意図「問う力の育成」を汲んでくれたといえます。いい生徒たちですね～。

「生きる幅というか、これからの過ごし方の幅が広がるなーと思った。ただ、

間違いの部分や曖昧な部分もそのまま発信していたからネットリテラシーも大事だなと思った」

　使用上の注意を理解しています。

　「ChatGPTを活用してプログラミングのコードを作ってもらったけど精度が高くてびっくりした。実際に実行しても上手く動いた」

　有用性を理解した生徒もいます。

　「宿題を忘れた時の言い訳を書いてもらったがなかなか良い言い訳を出力してくれて使えるなと思った」

　きみ〜、言い訳して、先生が納得しても、遅れた事実は変わりませんよ。

　数学の授業での利活用については、

　「数学はAIが介入せず人対人で学びたい」

　「AIは全ての面で完璧な存在ではないため、私たちが理解するのに比較的時間のかかる数学だからこそ、先生方や同級生同士で教え合いたい」

　「計算はできないものの考え方自体は広がると思うので、可能性を感じました」

　ChatGPTは計算を得意としません。私は数学科の教員です。数学の授業に「対話型AI」をどのように活かすか、私を含めた数学科教員の課題といえます。

　さて、最後に、次の文をお読みください。これを考えたのは生徒でしょうか、ChatGPTでしょうか？

　「今日は素晴らしい天気の中、ChatGPTの授業を受けることができました。先生の説明がとても分かりやすく、AIの技術の進歩に感動しました。将来、AIと共に働くことができたら楽しいだろうと夢見ながら、熱心にメモを取りました。休み時間には友達とChatGPTについて熱く語り合いました。彼らも興味津々で、どんな風に活用できるのか、アイデアを出し合いながら盛り上がりました。この授業がきっかけで、AIを学びたいという気持ちが強くなりました」

　とても嬉しいですが、私はChatGPTが作ったと思います。一方でこれを書かせた生徒のプロンプトエンジリアリング力はなかなかです。また、少し直したらどちらが書いたか見分けがつかなくなるでしょう。レポートや感想文を書かせる指導が変わる可能性を感じます。

　世の中は変わっており、生徒は柔軟です。どのような教育が望まれるのか、我々の教育方法の研究が必要とされています。変わるべきは教員のようです。そのためには、教員も学ぶ必要があります。校内はもとより、教員が積極的に外とつながり学ぶ場をつくることが望まれます。

こばやし・てつや　勤務校スーパーサイエンスハイスクール主担当。東京書籍検定教科書編集者。日本数学教育学会編集部副部長。博士（学術）。

学友むつみ、師弟なごむ
——主役たちの共創する余白・聖学院という〈あり方〉

日野田昌士 総務統括部長（教頭）
土屋遥一朗 国語科 教諭
山本 周 情報科 教諭
聖学院中学校・高等学校

1.　学校とはいかなる場か　土屋遥一朗

　学校とはいかなる場か。語源を遡ると、ギリシア語のskholéに行き着く。意味は「余暇」だ。つまり学校とは、そこに集まる者たちが、思い思いの知的好奇心をもって学び、何かを問い続けていくための、自由な空白であり余白だ。

　そこで問われるべきは、何だろうか。もちろん現代社会への適応や、社会に出て「役立つ」実学的な学び—コンピテンシーと呼ばれる領域—も必要だ。課題発見や解決策の提案、グローバル教育、ICT、SDGs……現代世界に適応していくための実学的なスキル教育が叫ばれるのはもっともだろう。

　だが、それだけではないはずだ。「私は誰なのか」「私はどうしたいのか」「私はどう在るのか」……そういった、何者かになる以前に問われる、そこで立ち止まっていては実社会の速度に置いていかれてしまうような問い。直接「役立つ」スキルでも、直接誰かへの貢献になるわけでもない、「在り方」についての答えのない問い。それを問うことのできる、まだ何者でもない余白が学生と呼ばれる期間であり、skholé＝問い続ける余白である学校という場であるはずだ。

　では、その余白に集う「問い続ける者」とは、誰だろうか。まずはもちろん、生徒たちだ。そして彼らに関わる者たちもそうだ。生徒も教師も保護者も外部協力者も、その名や立場でラベリングされた存在である前に、正解のない現代を問い惑う、一人の人間だ。だからおそらくは、そうした人間が集い、何かを問う場に成り立つ関係は、教える—教わるという向かい合う関係よりも、共にあり、共に問うという、同じ方向を向いて並ぶ関係になる。それが実現するとき、学校はそこに集う誰もが、自己自身の問いとして何かを問い続け、問う者たちの対話が渦巻いている、余白の場〈トポス〉になる。

　問いの向かう先は、未来に限らない。現代社会に適応できるような、いわば共時的問いが称揚される昨今ではある。だが、これまで、学校というそのトポ

スで紡がれてきた問いがあるはずだ。一方、先例がないとか、過去との整合性、そういった言説は学校内においてよく聞かれる。しかし、過去を礎に現在を問い直し、未来を再構築することもできるはずだ。

　問いは、時間を超え、空間を超え、あらゆるベクトルに向かって問われるべきだ。現在や未来によって過去を蔑ろにするのではなく、過去によって未来を拘束するのでもなく。問いが通時的・共時的・汎時空的に問われ、対話され続けるからこそ、問う者は学校というこの余白において、自身のこれまでの文脈から自由になり、自らの行く先を選択する自由を得る。

　そうして問いを広げるなら、学校という場は、建学の精神や理念から、現在そこに集う者たちの問いまでが有機的に接続したトポスになるはずだ。精神や理念とは、その場の創立から受け継がれてきた、通時的な問いの撚り合わされた共通言語だからだ。そしてそれは、常に問い直され、更新される。学校とはそうした、過去と現在を交差させながら、未来をにらみ、問い続ける余白である。

　問いは誰のものか。問いとは常に、問う者自身から発されねばならない。「探究」や「対話」といった表面的な形式を遂行するためだとか、今あるものに適応するために発せられ、外から与えられた問いは、決して「主体的」な問いではない。己の内から発し、己の問いとして問われた問いこそが、真に自己を相対化し、更新し、変容させ、再構築する、つまり成長するための問いだ。

　こうした思索の上で、私は、彼らと何をすべきか。聖学院という学校は、どう在るべきか。その答えのひとつが「学友むつみ、師弟なごむ」——そう校歌に歌われ、過去にあり、今ここにあり、そして未来にもこの学び舎にあるものだ。それは、数値的な「実績」でも、目新しい横文字やメソッドでもない。むしろ、言葉にしてしまえば本質が捨象される、余りに簡素な、実際にこの場所に来て初めて、「余白の余白である意味」が分かる類のものかもしれない。

　「がっこう」が嫌いで「せんせい」になどなる気がなかった私が教員をやっているのも、ここが、創立からそうした場を保ち、問いと対話を続けて来た余白であるからなのだろう、と思う。だから私はそこに集う者として、通時的・共時的・汎時空的に交差する「私」たち自身の問いを問い続けていたいし、学級、国語、Liberal Arts、Project等々、それぞれの名前こそあれど、私が関わる場は、そうした問いを問い続け、対話し続ける余白であるように設計している。

　ではその具体的な形は、というところで、それを書くには余白が足りない。この続きは、私自身の問い続ける実践として、示していきたい。

つちや・よういちろう　1992 年生まれ。大学院在学中より聖学院中学校・高等学校にて非常勤講師。2020 年度より教諭。国語科及び高校新クラス独自科目「Liberal Arts」担当。同「Project」内「哲学―メディア―藝術ゼミ」顧問。著書（歌集）に柾木遙一郎『炭化結晶』。

2. 生徒・教員が外の世界とつながる意味と効果　山本 周

　ここからは少し具体的に第二筆者の視点で聖学院内の事例を交えながら「外とつながる場づくり」を中心に紹介していく。近年流行っているChat GPTをはじめ、本当に現代は変化が激しい。そのような中で教育の仕方や内容についても日々新たな視点や刺激を入れつつ、更新しなければならない。その中で私は情報科という立場もあり、「ニーズとチャンスが結び付くと人はテクノロジーの傍観者ではなく、主役になる」をモットーに教育活動を展開している。

　日々の授業や課外授業できっかけを得た生徒が、校内にあるファブリケーションエリアなどで異学年同士で活動する。さらに、校外のイベントやコンテスト（過去例：制作物展示会、ロボコン、青少年センターやものづくりスペースでのワークショップ）に参加する中で新たな生徒の一面を見ることができる。例えば、ふだん学校では少しおしゃべりも多くあまり手伝わない生徒が積極的にお客さんに声をかけ、説明するなどの姿を見ることができる一方で、学校ではテキパキとみんなをまとめ、リーダーシップを取るような生徒がその場の雰囲気にのまれ、うまく話すことができない場面など。

　さらにこのような活動の中で生徒自身、多くの問いにも向き合うことになる。ロボコンを例にすると、理科や数学的視点では、どのようにすればボールをたくさん取ることができるアームになるのか、計画性と協調性の視点では、大会当日までに仲間と協力しながら作成していくにはどうしたらよいか、エンターテイメント的な視点では、どうしたらお客さんが楽しんでくれるか、など様々ある。さらに最も重要なこととしては、外とつながることで本質的な問いにぶつかることができる。大人からは「どうして、この大会に参加したの？／これを作成したの？」「次に何がしたいの？」、子供からは「どうしてこうなるの？」など想定しない質問やクリティカルなフィードバック、さらには次回につながるような専門的なアドバイスをいただくことがたくさんある。これらのような経験の積み重ねから次回の挑戦が生まれると同時に、挫折も味わうことで経験の質も上がっている。

　私自身も教員として、より専門性が増し、視野も広くなり、より多くの視点で日々の授業にも還元できている。何よりも生徒と教員が一緒に楽しみながら新たな挑戦を好奇心をもってできていることが、最も大切なのかもしれない。これは、生徒はもちろん、教員も新たな挑戦ができる聖学院だからこそである。

やまもと・しゅう　2021年東京理科大学大学院理学研究科学教育専攻修了。同年、聖学院中学校・高等学校にて情報科教諭として採用。中学1年生に新設の情報・プログラミング、高校新クラスの立ち上げ、STEAM授業のカリキュラム開発・授業を担当。

3. 「○○らしさ」とは　日野田昌士

　今回、寄稿の依頼をもらった際、20〜30歳代の先生と対話したいと考えた。その際の問いは、「□□先生の取り組みは、聖学院だからやっている取り組みなのか？　もしも□□先生が聖学院ではなく他の学校に勤務していたら、その取り組みはやっているのか？」というものである。

　少子化の中、各学校がそれぞれの学校の強みを認識し、各学校で「ウリ」を創出していることは、生徒の選択肢を広げるという意味で良いことだと思う。しかし、結果的にどこの学校も「探究」「グローバル」「STEAM」をアピールし、保護者も進学実績を気にしがちである。教育現場でも「問い、リフレクション」ブームが起こっており、生徒たちはすぐに学びの成果を言語化しなければならない状況にある。

　そのような中、本校ではスクールモットー「Only One for Others」をどのように実現すべきか、以前から議論をしている。本校でも「探究」「グローバル」……に取り組んでいるが、「何をやるか？」よりも「なぜやるか？」、ひいてはその取り組みが「本当に本校らしいか？」を、職場内での何気ない対話の中から常に検証をしている。

　土屋先生のLiberal ArtsやProjectの取り組みは、彼だからこそできる、生徒の心の奥まで届く「魂の問い」になっている。山本先生のSTEAMの取り組みは、生徒と教員と外部の方がフラットな関係で、共に学びを創出する場となっている。

　私も、社会科の授業のうち、半分くらいは外部の方と協働し、授業をつくっているし、部活においては企業と協働し、外注への新たなスキームを作成している。

　このような取り組みができるのも、全ての教職員がスクールモットー「Only One for Others」を常に意識しながら、自分自身に問い続け、それぞれの力を発揮・チャレンジできる伝統と文化、風土があるからではないだろうか。

　これからも「競争から共創へ」「イス取りゲームのイスを奪い合うのではなく、イスを作り出す。イスでは座れないならばベンチを生み出す」ような教育活動を、時代の変化を意識しつつも、120年間引き継がれてきた本校の建学の精神を見失わないようにしながら、仲間とともにつくっていきたいと思う。

ひのだ・まさと　1979年生まれ。2002年同志社大学法学部法律学科卒業後、聖学院中学校・高等学校で22年間勤務。生徒会顧問として体育祭、文化祭の生徒の運営のサポート。その後、社会科主任、進路指導部長を務め、2019年より総務統括部長（教頭）。

自分とつながり、世界とつながる

佐野和之

かえつ有明中・高等学校 副校長

「どのような場であれば、自分の奥底に眠っている想いに気づけるのか?」

「どのような場であれば、自分の想いを自由に表現できるのか?」

　学校に通い始めると周囲に合わせることを求められ、「自分がどうありたいか」よりも「人からどう見られているか」に重心がかかり、外からの評価に合わせた判断軸が自分の判断軸になってしまう。置き去りにしていた自分の想いや感情を取り戻すには、自分の内面への意識がカギとなる。しかし、錆びたカギを磨くには拙い言葉でも受け止めてくれる信頼できる仲間の存在が不可欠だ。学校という場が自らを閉じ込めるのではなく、自らの願いや可能性と出逢う場であってほしい。我々教師のあり方が問われていると日々痛感している。

深く聴く——自分の声　仲間の声

　今日の授業もチェックインから始まる。チェックインでは、自分が今感じている感情や感覚、気になっていることなどを互いに言葉にする。このチェックインを通じて、これからともに活動する仲間に自分の状態を知ってもらうことができる。また、今の状態を言葉にすることで、自分自身の状態にも気づきやすくなる。さらに、活動の始まりに自ら声を発することで、その場を形成している主体者であるという自覚が高まり、自分のあり方が大きく場に影響していることにも気づいていく。自分の「存在」に対する確かな手応えが、自分の声に深く耳を澄ます第一歩につながっていくのだ。

　ここで大切にされるのは「聴くときのあり方」になる。話し手ではなく、聴き手に重きが置かれる。話すことに強く苦手意識を感じている語り手でも、聴き手のあり方によって、安心して表現できるようになっていく。まったく人前で話せなかった男子生徒が、数ヶ月後に多くの人の前で自身の言葉で自分らしく語れるようになるのは珍しくない。さらに、自分の「感情や想いに自覚的」になることも大切にされる。入学前のオリエンテーション時から、感情やニー

ズを扱う共感的コミュニケーション（NVC：非暴力コミュニケーション）やマインドフルネスの実践を重ね、少しずつ内面への気づきの感性が高まっていく。これらが相互に作用して、恐れや不安から身にまとっていた鎧が少しずつ剝がれていき、本来

の自分のあり方で他者と向き合えるようになっていく。関係性の質は高まり、必然的に彼らの対話は内省的で深いものへとなっていく。

共創的に学ぶ

　ある日の昼休み、教室では国語の授業で扱った竹田青嗣の文章をテーマに哲学対話が始まっていた。他者の考えや視点に刺激を受け、自分の思考を深めることに喜びを覚えた彼らは、学校生活の様々なシーンで、自分自身との対話、他者との対話を重ね、感性も知性も豊かにしていく。概念の獲得という面においても、与えられたものを知るだけでなく、自分の体験と結びつけた理解へとつなげていくので、自身の言葉で語れるようになっていく。そして、わかったことで満足するのではなく、わかったことによって自分がわかっていない領域があることに気づき、さらなる問いを自らつくり続けていく。そんな空気が少しずつ広がっていった。自分を解放して本音で語れる場が形成されると、鎧を

まとうために使っていたエネルギーが創造的なエネルギーに変換され、共創的な学びの場が紡がれていく。共に生きる仲間との信頼に裏打ちされた空間に「知」のあかりが灯るや、生き生きと学びの海原に身を委ね、その世界を満喫する彼らの姿に、学ぶことの本当の意味を感じる。学校という場づくりの本質はここにあるのではないか、という思いを強くしている。

"世界"との対話

　夏休みの終わりに、3人の生徒と要人らしき外国人の写真が送られてきた。メッセージを読むと、ツバルの首相との記念撮影とのこと。彼らは夏休みにツバルに渡り、現地の子ども達に向けてゴミに関するワークショップを開催していた。はるばる日本から来た高校生の噂を聞いた首相が官邸に招いてくれたときの写真だった。ツバルでは海面上昇の問題だけでなく、ゴミ山問題も深刻化していることを知り、渡航・滞在費用をクラウドファンディングで集め、ひと夏を費やした。帰国後は支援者に向けての報告会も開いた。彼らの大胆な行動のきっかけは授業中に紹介された、たった1枚の写真であった。

　クラスの中に自分達のセキュアベース（心の安全基地）ができると、果敢に登頂を目指す登山家のように、それぞれの頂きに向かって動き始める。外の世界で何があっても、このクラスに戻ってくればいつでも話を聴いてくれる仲間がいるという安心感が、外に出て自分の世界を広げてみようという探究マインドを掻き立ててくれる。そして、新たな出逢いや経験によって、世界を見る彼らの視野の広がりはより加速していく。そして、自分達が学んだことや体験したことを誰かに伝えたくてウズウズし始める。クラス内や学校内でのシェアでは物足りなくなり、外部イベントを開催するようになっていく。そして、それらのイベントの中にもクラスで大切にされてきた「聴く」ことや「互いへのリスペクト」というものが練り込まれていく。小学生向けに体験型のワークショップを開催するときも、大人向けのイベントを開催するときも、参加者全員が安心して参加できるような配慮と工夫がなされている。自分達がクラスづくりを通じて体に染み込ませた文化を学外の人とも共有する活動になっている。

教師のbeingが醸成される文化

　このような生徒にかかわる教師は、あるときは共に悩み、あるときは問いか

け、あるときは背中を押す。自分の正しいと思うことを理解させるために誘導や説得をするのではなく、生徒自身が選択して決めるプロセスに寄り添ってサポートする。しかし、わかっていても、思い通りにしたい自分、感情に取り込まれそうな自分は存在する。そんな自分がいることに気づいても、自分へのダメ出しはせず、そんな自分のことも認め、仲間や生徒とシェアする。このようなことに自覚的になってはじめて「ただ聴く」ができるようになっていく。話の内容に引っ張られ、一つひとつに善悪の判断や評価、どうアドバイスしようかという思考を頭に巡らせながら聞かない、「ただ聴く」。簡単なようで、とても難しい。

　フラットな関係といっても教師の影響力は大きい。教師のかかわり方ひとつで抑圧的な雰囲気にもなるし、解放的な雰囲気にもなる。言葉以上に教師の何気ない振る舞いや教師自身の日常での選択が生徒の行動を制限してしまう。だからこそ教師は自分から発せられるものに自覚的になる必要がある。ふだん無意識の底に沈んでいる自分の内側に深く耳を傾け、自分のあり方を俯瞰し、影響を与える存在としての自分に意識的になる必要がある。生徒のモデルとなる身近な大人として、どのような生き方・働き方を示せているのか。

　生徒に安心の場を提供するには、教師にとっても安心の場は必須である。自分の取り組みに悩みながらも必死にもがく教師の言葉を仲間の教師がただ聴いている。涙に言葉を詰まらせ、喋ることができない時間も、ただ共にいる。それだけで、どれほどの救いになるか。聴いてくれているだけなのに、何も解決していないはずなのに、心の中に安心感が広がってくる。フィードバックもなく、アドバイスもない。それなのに、気づくとただ聴いてくれる仲間の存在への感謝で包まれていく。このような体験が各教師の中に「場への信頼」を育み、生徒とともにつくる「場」にもありのままで臨めるようになっているのだと思う。

さの・かずゆき　学内外において、NVCやU理論、マインドフルネスなどをベースにした内省と対話の場づくりに携わっている。

「つなぐ」存在であるために

中山諒一郎

学校法人昭和学院 法人事務局局長補佐・教諭(社会科)
一般社団法人ゼロイチ 代表理事

閉ざされている学校をいかに開くか?

　学校は、社会から隔絶されている。そう言っても過言ではないと、強く危惧している。これだけテクノロジーが進歩し、社会のあり方が急速に変化しているにも関わらず、学校では明治時代と変わらず、「黒板に先生が板書し、生徒たちはそれを座って聞く」という光景が繰り広げられている。コロナによってリモートワークが一気に広まり、学校でもついにオンライン授業が開始されたが、気がつけばまたほとんど元の光景に戻ってしまった。加えて、筆者が日頃相手にしている高校生たちは、まさにキャリアに悩み、人生の大きな決断の一つを迫られる時期にいるが、彼らは学校にいる限り、「教員」という職業の大人としかほとんど出会うことはなく、キャリアの面ではロールモデルに出会える可能性は極めて低い。そのような隔絶され、閉鎖された世界をいかに開くか、ということが、筆者にとって最優先課題の一つであり、ライフワークである。

　そこで、本稿では「学校をいかに開くか?」という問題について、「そのための教員のあり方」に焦点を当てて論じてみたい。その際、あえて極めて「具体的に」「私自身の経験と考え、価値観を前面に出して」論じることをあらかじめお断りしたい。なぜなら、抽象的に教師のキャリアや越境学習について論じることは研究者の方々の得意とするところであり、私自身はあくまでも1サンプルをご紹介することが唯一できる価値提供だと考えるからである。

　結論を先に書けば、教員である私たちがしたいことは「教員自身が外へと越境し続けること」であり、「私たちが『つなぐ存在であること』」が重要であると考えている。以下では私自身のキャリアを例にしながら、何をするか?(行動)と、どうあるか?(あり方)について、読者の皆さんと共有したい。

教員から民間へ転身――「留学」ならぬ「留職」

　まず、私自身は千葉県にある私立の高校で教員としてのキャリアをスタートした。しかしながら、そこでの2年間の中で学校現場の課題に多く直面し、民間への転職を決意した。そのとき、「留学」ならぬ「留職」として転職したのが認定NPO法人very50だった。そこは「アジアの社会起業家の経営支援」と「日本の高校生の教育」を二本の柱としており、私自身はto B／to Cの営業やプロジェクトの引率、トレーニングの講義などを担当した。学校から民間企業への転職はあまり多くあることではないと思うが、きっかけは本当に偶然だった。当時の私は、自分の力不足ゆえ、なんとか学びの機会を確保しなければという強い危機感から、毎週のようにセミナーや学会、研究会に参加していた。いわば「研究会マニア」状態である。そんな中で参加したあるセミナーで、たまたま同じテーブルに同法人のインターンの方が参加しており、お声かけいただいたのだ。それ以降何度かメールでのやり取りを重ね、当時の勤務校の生徒から同社のプロジェクトに参加者を出したりはしていたのだが、当初は自分がそこに転職することになろうとはゆめゆめ思っていなかった。

　前述の通り転職を決意した際、自分の中に何かビジョンや計画があったわけでは全くなく、ただ「興味はあったが、今までの自分がやれていなかったこと」を「今までの仕事からできるだけ遠い領域で」やってみたいな、と考えていた。すると、たまたま同法人が人材を募集しているという。グローバル・ビジネス、途上国支援、これらの分野は、自分の興味のあったところであり、同時に教員経験からはかなり離れているように感じた。そこでオンラインで面接を受けてみたところ、とんとん拍子に話が進み、気がついた時には大塚のオフィスで仕事をしていた、というわけである。

　転職してすぐの数ヶ月は、まさにカルチャーショック状態。それまでの筆者は、大変お恥ずかしい話であるが、「朝出勤したらとりあえず作業を始め、終わるまで残るor時間になったらそこまでが今日の仕事」という働き方をしており、そこにはタイムマネジメントも計画性も皆無。タイパ（タイムパフォーマンス）やコスパ（コストパフォーマンス）、ROI（Return on Investment）など考えたこともなかった。また、教員時代は数値目標もなかったので、営業職としてKPIを設定したり、目標から逆算してプロジェクトを計画したこともなく、全てが初めての経験だった。また、上司や同僚の先輩方はみなビジネス界での経験豊富で、ロジカルシンキングの塊のような人たちばかり。ふわっとした主

観で話そうものなら、「根拠は?」「それってどういう構造?」「君の仮説は?」と質問攻めにあい (当時の先輩方大好きです)、たじたじするのが日常茶飯事だった。正直、最初の数ヶ月は仕事に向かう足が重いこともあった。

　しかし、たくさんの先輩方にご迷惑をおかけしながら、日を追うごとに少しずつ共通言語も生まれ、先輩方の議論についていける場面や、自分なりの提案らしきものをできるようになり、途中からは毎日が楽しくて仕方なくなった。その時の経験やそこで養われたマインドセット、思考法は、学校現場だけにいたら間違いなく身についていなかっただろう。「越境がいかに学びと成長を生むか」を痛感した瞬間である。

越境の価値を学校に戻り痛感する

　何より越境の価値を痛感したのは、民間にいた時以上に、学校現場に戻ってからである。民間での仕事は自分にとって斬新で、刺激的ではあったのだが、やはり学校という場所で中高生たちと濃密に関われる日々を恋しく思い始めてもいた。そんな折、人のご縁から昭和学院にお誘いいただき、学校に戻る運びとなった。そこで仕事を始めてみると、かつての自分の仕事方法がいかに非効率で、非合理的だったかを再確認する日々だった。そして、民間で経験した仕事の進め方や考え方で仕事に臨んでみると、以前ならば夜中まで終わらなかった仕事がさくさく進むようになったり、他責思考にとらわれて文句を言っていたようなことも自責でとらえ直せるようになった。自分にできる問題解決は何か?を考えるようになって、仕事が楽しくなった。

　とかく「ブラック」と批判されがちな学校現場であり、実際いくつかの面から見て間違いなくそのような指摘も当たっていると思うが、自戒を込めて言えば、教員の働き方をブラックにしてしまっているのは私たち教員自身、という面もあるように今は思っている。

　このような「教員→民間→教員」という「キャリアにおける越境」を経験して以来、学校の中でも意識的に「越境」の場面を作るように心がけてきた。それは、自分自身のためでもあり、生徒たちのためでもある。例えば、教育系の学会やイベントに行くことはもちろんのこと、ビジネス系のセミナーに参加したり、ビジネスパーソンとの交流会にも積極的に足を運ぶようになった。すると、そこでまた新しいつながりが生まれ、それまでの自分のコンフォートゾーンの外へと連れて行ってもらえる。そして、またそこで新しい出会いが生まれ

028

る……。私の経験してきた数少ないスポーツを例にさせていただくと、いわば
バスケットボールのパスが人の手から人の手へと渡り、思いもかけないプレー
が生まれるように、「一歩踏みだす越境→人との出会い→その人に連れられた
越境」が繰り返されることで、人は思いもかけない場所に立てる。そしてそこ
で得られた知識や経験は間違いなく生徒たちにとっても刺激的なものとなる
し、何より、そこでの人のつながりを生徒たちに還元することで、生徒たちを
たくさんの「ロールモデル」と出会わせることができる。

「つなぐ存在」であり続けるために

　私自身、社会科の教員であるが、自身の授業（政治経済や現代社会、公共）では、
・弁護士の方をお呼びして、実際に担当したケースから学ぶ授業
・議員の方をお呼びして、政治家や立法府の仕事を学ぶ授業
・北海道で地方創生に関わる方をお呼びして、地方の課題を考える授業
・起業家の方をお呼びして、起業やキャリア、お金との関わりを考える授業
などを行ってきた。加えて、探究の時間や課外活動でも、
・外資系コンサル会社のコンサルタントをお招きして、校内の購買ショップの
　経営改善プロジェクトを実施
・世界一周した経験もあるグローバル企業の経営層をお招きして、特別授業を
　実施
・焼肉店とコラボして集客アップを高校生が考えるプロジェクトを実施
・アクセラレーターの方とコラボして高校生向け起業ピッチイベントを開催
などなど、外部と連携した取り組みを行ってきた。また、学外では「一般社団
法人ゼロイチ」を設立し、学校の枠を超えてアントレプレナーシップ教育を推
進し、越境する生徒たちを応援している。
　これらはひとえに、私たち教員自身が越境していたからこそ実現したものだ
と思っている。それによって初めて、私たちは学校と社会を、生徒とロールモ
デル（社会人）を、「つなぐ存在」でいられるのではないだろうか。そうするこ
とで、法律に興味を持ったり、政治に興味を持ったり、ビジネスに興味を持っ
たりする生徒たちが生まれる。あるいは、ロールモデルと出会うことで、「こ
んな生き方もあるんだ」「こんなキャリアもあるのか」と気づくことできる。
　これからも、楽しみながら越境し続け、「つなぐ存在」でありたい。

なかやま・りょういちろう　1994年千葉県生まれ。私立高校の社会科教員としてキャリアを
スタートし、NPO法人へ転職。その後別の私立高校にて学校改革の統括や探究科主任、副教
頭・経営企画室長などを経て現職。

地域の「本気の大人」と協働しての
学校づくりは、校長職の醍醐味だと思う

土方清裕
三重県立津東高等学校 校長

1.　教諭時代の地域とつながった探究初体験

　　三重県立津高等学校・進路指導主事時代に学校だけでは生徒を大人にできないという実感があり、進学校のキャリア教育を模索していた。そんなとき、三重大学・西村訓弘教授と知り合った。西村先生は地域イノベーションの実践者で、西村先生に希望者対象のゼミをお願いしたとき、先生から提案いただいたテーマが「津市中心市街地の活性化を高校生が考える」であった。そのテーマを伺ったとき、「自分がやりたかったのはこういうことだった」と、すとんと腹に落ちたのを覚えている。約半年間、生徒に伴走したのだが、「答えを教えることができない」のは思った以上に苦しかったのを覚えている。しかし、商店街の方へのインタビューなどを経て、生徒が突き抜けて一皮むけ劇的に成長する瞬間に立ち会うことができ、私自身も一皮むけることができた経験となった。

2.　飯南高校の校長として

　　教頭時代には、島根県立隠岐島前高校や岡山県立和気閑谷高校等の事例も知り、校長になったら地域連携に取り組みたいと思っていた。
　　平成30年（2018年）に松阪市にある飯南高校の校長となった。地域の過疎化、少子化の進行により、連携型中高一貫教育を実施している飯南中学校、飯高中学校とともに生徒数の減少が進んでいた。
　　地域、市行政、市教委の飯南高校への期待は大きかったのだと思う。着任当初からたくさんの立場の方に来校いただいた。私は来られた方みんなに、生徒を外に出し、生徒が地域課題を地域の「本気の大人」と考える教育を進めたい、と訴えた。具体的な勝算はないのに、成功して学校も地域も元気になっているイメージだけは自分の中にあって、「訴えた」というより「ワクワクする気持ちを語っていた」という感じだったと思うが、思いの共感は間違いなくあった

と思う。特に、飯南・飯高の両地域振興局長、市西部教育事務所長、飯南・飯高両中学校長等、実務の要となるメンバーとは、お互いが刺激を受け学び合える関係となり、やりたいこと、考えたことが次々と実現していった。良いことが次々と形になっていくワクワク感、スピード感、それによって生徒だけでなく地域に良い影響が広がっているという実感。本当に楽しかったし、生徒以上に校長の自己肯定感が高まっていった。着任1年目にも関わらず、秋には文部科学省の「地域との協働による高等学校教育改革推進事業」(以下、文科省事業)採択に向けて走り出せたのも、これらの方々の的確かつスピーディなバックアップがあったからこそだ。1年経つ頃には、「ピンチになっても必ず地域のどなたかが助けてくれる」という実感、安心感が私にはあった。私にとっての「安心安全の場づくり」ができていたのだと思う。

忘れられないのは、着任3年目、文科省事業2年目の、コロナ禍でいきなりの休校から始まった年のことだ。文科省事業2年目のポイントは飯南飯高地域でのインターンシップだったが、生徒が地域に出て行くことで迷惑をかけてしまうのではないか。いや、そもそも大変な状況の中で、生徒を地域に出して良いですかと尋ねること自体が失礼にあたらないか。

コロナの影響で予定より一月遅れで開いたコンソーシアムの会議で、インターンシップをお願いもできず、逡巡している気持ちを正直に話した。そこでコンソーシアムのメンバーである地元の事業者の皆さんから頂いた言葉の数々は、今でも思い出すと泣けてくる。

「水くさい」

「そんなこと、もっと早く言ってくれたら良かったのに」

「感染対策はしないといけないけど、話し合って一緒に考えたら良い」

これまでの2年間を見ていただいていたんだな、一所懸命やってきて良かったなと思った。

このように、たくさんの方々とのつながり、信頼関係があって、飯南高校の教育が支えられていた。

3. 生徒の劇的な成長

取組の中で生徒の劇的な成長が出始めた。

私が着任時の2年生の女子生徒。3年次の「いいなんゼミ」(課題研究)で地元飯高町の「空き家問題」をテーマにした。市の移住促進担当係長さんの「本気

の伴走」を得て何度も地域に足を運ぶ中で、彼女は自走し始める。空き家はたくさんあるのに空き家バンクへの登録は少ないという課題に気付き、高校生が空き家の片付けを手伝うことで市の空き家バンクへの登録を増やすという「空き家片付けプロジェクト」を考え、実行できた。

彼女は現在大正大学地域創生学部で「日本一空き家にくわしい大学生」として活動中である。

林業関係業者の方々と「木の手帳」という商品開発をした経験をもって全国高校生SBP（ソーシャルビジネスプロジェクト）交流フェアに参加した別の生徒。若い女性起業家の方にプレゼン練習の伴走をお願いした。

彼女は生徒の心の痛みが分かる方で、彼女の「本気の伴走」のおかげで生徒達にスイッチが入り、短期間でみるみる成長、予選を突破した。決勝の前日、地域みらい留学オンライン説明会に立ち会っているわたしの所に生徒達がやってきて、「校長先生、明日は文部科学大臣賞（つまり全国1位）を取ります」と言いに来た。残念ながら1位を取ることができず、悔し涙を流すことになるのだが、その姿に感動しこっそりもらい泣きをしてしまった。

11月の文化祭では、お世話になった地域への恩返しをしたいと文化祭で打ち上げ花火を上げたいと言いだし、文化祭実行委員会を立ち上げ、後輩をまとめ、地域から寄付を募って本当に実現してしまった。彼女は飯南高校のレジェンドの一人となった。

着任4年目、文科省事業の完成年度は「レジェンドのレベル」が普通になってきた。1年次から教育課程内で、地域と協働した学びを経験した学年。今までなら飯南高校でも目立たなかった（埋もれていた）かもしれない生徒の「自走」が群発し始めた。先輩（レジェンド）の姿から受け取った感動とカリキュラム内での経験の蓄積、そして地域から大切にされているという安心感が生徒の力になっていたと思う。

双子の姉妹。一人は美術部で1年次から地元産の緑茶を使った「緑茶ラテアート」活動で活躍。この活動では、地元の日本茶カフェ・深緑茶房さんのスタッフの方々が、本当に親身になって指導してくださった。ラテアートそのものの出来の良さは生徒たちの努力によるところが大きいが、スタッフの皆さんの親身のご指導がなければ、コミュニケーションに苦手意識がある生徒たちが接客を楽しいと感じるまでには成長しなかっただろう。コロナ禍で苦労しながらも、地域に貢献し地域に期待されながら少しずつ自己肯定感を高めていった。

双子の姉は吹奏楽部で、地域のランドマークの一つである飯南高校にある巨

木・ハナノキの下で行う「ハナノキ紅葉イブニングコンサート」等で活躍。2人は3年次に地元地域の良さをアピールするウオーキングイベントをそれぞれが企画、開催し、2人合わせて60名以上の参加者を集めてしまった。彼女たちが雑誌の取材時に語ってくれた言葉を思い出すと今でも泣けてくる。

「中学校の時は地元が好きと言えなかったけど、今は自信を持って好きと言える」。今、彼女たちは地元観光施設に就職し頑張っている。

4. 教師のビーイング

生徒達の成長、生き生きとした姿、その背景にある地域の方々のバックアップ。それを生徒とともに感じることで、教職員も成長していったと思う。何よりも私自身が大きく成長できた。「生徒の可能性を信じる」をモットーにしてきたが、「生徒の成長には限界がない」ことを飯南高校の生徒達が教えてくれた。このことが、現在そしてこれからの自分の在り方の基本となっているし、なっていくと感じている。

ひじかた・きよひろ　木本高校、津高校の教諭等を経て、平成30年（2018年）度から令和3年（2021年）度まで三重県立飯南高等学校の校長。現在は津東高校で県庁所在地の大規模普通科高校の探究にチャレンジしている。

地域を学び場として見えてきた世界

多賀秀徳

三重県立飯南高等学校 教諭 地理歴史科

たまたま参加した研修から変化がはじまる

今では、地域を学び場として地域とともに生徒を育てていくことや、生徒の「やりたい」に伴走して一緒に考えていくことなどにとてもやりがいを持っている。しかし、勤務校に赴任した当初から関心があったわけではなかった。

6年前、旧知の土方清裕先生から久々に連絡があり、「勤務校の研修に来ない?」と誘っていただいた。そこで再会したのは、大正大学の浦崎太郎先生だった。浦崎先生から地域課題研究の実践事例を聴き、生徒が地域に飛び出して地域と協働しながら成長を遂げていく姿に衝撃を受けた。「そ、そんな世界があるのか!　自分の勤務校は進学校ではないけど、この形ならできるかもしれない……何か面白そう!」と、沸々とわき上がってくるものがあったことを今でも覚えている。この再会のタイミングが、今思うと分岐点だった。

勤務校には当時から活性化協議会が設置され、地域行政や同窓会などが参加する会議が開かれていた。その頃の私には参加義務はなかったが、何かを感じたのか、たまたま会議を傍聴した。そこで地域の方々から、「この学校の生徒のために何かをしたい!」という熱い気持ちを聴いた。このとき浦崎先生の「本気の大人」というキーワードが脳裏に思い出され、何か一緒にできたら面白いのでは? と感じた。ただ、この頃はまだ「校外とやると負担が増えるよ」という校内の声は多く、何をしたらいいのか私自身もわからない状態だった。

思考が変わりつつあった翌年度、奇遇にも土方先生が校長として赴任され、流れは一気に変わる。中高一貫総合学科校の強みを活かし、連携中高生で「道の駅コラボプロジェクト」を協働運営。県内外の高校生や大学生がフィールドワークを行い、地域の大人も交えて地域課題を考える「答志島サスティナブルキャンプ」の共同主催。生徒が活動する中で、学校生活では見られないイキイキとした姿、明らかに変容していく姿を目の当たりにした。これが浦崎先生の話されていた世界なのかもしれない……地域と協働して学ぶって面白い!

地域を学び場にした変化

(1) 地域とともに生徒を育てる「共通言語」

　視界が段々と広がってきた最中、「文部科学省の『地域との協働による高等学校教育改革推進事業』の採択を取りにいきたい！」という土方校長の熱いメッセージを受けた。すでに片足を突っ込んでいた私は、生徒の学びが面白くなりそうだし、これは進むしかないなと決心して資料作成と闘う日々を送った。

　他地域の事例で耳にしたのは、高校と地域との活動意図の不一致による生徒の徒労感や教員の負担感。地域へ飛び出す必要性を感じながらも、当初は「正直、こんなはずじゃなかった……」と思う活動が私たちにもあった。みんなが共通理解をもてる何かがあれば、このようなことはなくなるはずだ……。

　こう考えていたとき、「どのような生徒を育てたいのか」という本質的な部分に立ち返ることができた。つけたい力とは？　何のための学び？　本校のロゴにもなっている「いきるちから」とは？……と、繰り返し思考していった。結果、本校の「いきるちから」は対話力・追究力・創造力・発信力という4つの力に整理され、地域とともに生徒を育てる「共通言語」として理解がはかられることになった。一方で、文部科学省事業の採択を受けることもでき、地域を学び場とした探究活動を構築していくこととなった。

(2) 経験することで対話が生まれ、よりよい変化が生まれる

　サスティナブルキャンプでの生徒の変容に魅了され、期待を膨らませた校内初のフィールドワーク。とりあえず生徒たちを校外へ解放すれば、多くの学びが得られる……そんな理想があった。ただし、そうはうまくいかなかった。実施前の会議では、「トイレや雨の問題が考えられていない」や「教員の目が届く範囲で行動させたい」などの反対意見が続々と出る。さらに活動後には、「生徒の学びはあまりなかった」「生徒自身が魅力や課題を探すのはしんどい」などと痛烈に言われ、この頃の私はいにしえの典章か弁慶かという有様だった。

　それでも、「地域の協力がないと無理」や「先生側が協力的だったから成り立っただけ」との話が出たのはチャンスだった。この意見をもとに地域振興局や住民協議会などへ協力要請をし、校内では共有頻度を増やして年度2回目のフィールドワークを実施した。活動後に同僚から「どこに行ってもウェルカムな地域、すごい！」と意見をもらい、生徒もフィールドワークの楽しさや地域の魅力を感じて考えを深め、地域を学び場とする土壌をつくることができた。

(3) やりたいことに自走していく生徒

　地域で学び、そこでの興味・関心を深めることで、2年次の系列選択や自分が将来何をしたいかを見つめ直す生徒が出てきた。一方教員は、授業で地域を題材として扱うなどの工夫をした。そのことで、日頃の学びが社会に繋がっているという認識を持ち始める生徒もいた。

　本校は20年ほど前から「いいなんゼミ（総合的な探究の時間）」において、生徒の興味・関心や進路等に繋がる活動に取り組んでいる。地域を学び場とすることで、近年は自己の在り方、生き方と一体で不可分な課題を発見し、解決していく次のような例が出てきた。

①自分の住んでいる地域に空き家が多いことから、その解決に高校生としてできることを考えて「空き家片付けプロジェクト」を実施

②授業で過疎化と地域医療を学びながら関心を深め、高校生県議会での質問・答弁や第一線で活躍する医師へ突撃訪問をしながら進路を明確にする

　これまで見聞きしたことや学んできたことが自身のやりたいことに繋がっていった生徒たちは、勝手に自走していった。そして、このような生徒の登場に「あの生徒がこんな活動をするなんて……」と教員の生徒観の変化が起こり、地域に飛び出す授業もジワジワと出てきた。

　そして生徒たちは、すぐには解決できない課題にも立ち向かい、自分だけで悩まず他者と対話・協働していった。マイテーマに挑戦し続ける生徒の姿は間近で見てたくましく、教員としても負けていられなかった。

生徒の声もきっかけに学びが広がる

　生徒の成長する姿を見て、私の授業スタイルも変化をし続けている。担当する2年次の高大連携授業「社会科学入門」では、行政学や看護学等の各専門分野の大学の先生方に来校いただき、分野ごとの掘り下げた学びを実施していただいている。この授業も地域を軸として協議・再構築し、各専門分野から地域にアプローチしていくスタイルをとった。これで1年次に経験したフィールドワークでの学びが、自然と他科目にも接続していくこととなった。

　その変化の中で、生徒から地域課題を解決「しなければならない」という振り返りや、「大学の先生の講義は実社会に本当にあてはまるの？」という問い、さらには「地域の生の声を聞いてみたい！」といった新たな課題や要望が出てきた。こういった生徒の声が出ることは、学びを深めていくチャンスとなる！

そこで、生徒の意見を踏まえて、地域の方々を授業に招いたトークフォークダンスを初めて実施してみることにした。このトークフォークダンスは生徒に大ヒットで、授業での学びが実社会と繋がっていることを発見したり、かえって疑問がドンドン湧いたりと、好奇心をくすぐるものとなった。そして、生徒は地域の方々から挑戦することの大切さを学び、何かをすると大人が協力してくれるという安心感も得た。

　一方、地域の方々からも高校生の意見を聞いて改めて考える機会となったという感想が多く出て、生徒——大人双方で多様な学びが生まれた。さらには、生徒から「大人と協力してイベントを企画したい」、大人から「生徒と一緒に地域の未来を考える会をやりたい」と似た意見が飛び出し、新たな学びの展開が醸成される会にもなった。地域を学び場にするには、校外に生徒が飛び出すだけでなく、校内に地域の方々を招いてもよくて、ともに学ぶ場をつくることこそが重要なのだと気付いた。

ともに学ぶ場づくりの新たな挑戦

　近年挑戦していることは、校内研修に地域の方々を招待することだ。当初は現在の高校現場の教育テーマや本校の取組を知ってもらう、という目的があった。しかし、実施してみるとそれ以上に、教員と地域の方々との交流の場、関係性の構築の場にもなると確信した。現在はこれに生徒も参加できると、より面白い学びや縁が生まれるのではと考えている。

　そしてもう一つ、今年度は地域の方々に授業へ気軽に参加していただけるよう声がけをしている。学校運営協議会に参加する方々を中心に呼びかけて、すでに何回も参加いただいている。生徒も地域の方々も教員も世代を越えて同じ場で学び、同じテーマについて対話し、新たな問いが生み出されながら、みんなで一緒にジェネレートしていく。

　授業にやってくる地域の方々もすごいが、「今日は誰も来ないの?」と残念がる生徒もすごい。回を重ねる中で生徒は成長し、その姿に大人たちもワクワクが止まらない。この学び場では、好循環のサイクルが起こっている。

　「何か面白そう!」程度だった頃から、思いがけない世界がドンドンと広がってきた。生徒の成長が無限大であれば、その学び場も無限大なのかもしれない。またその世界は、縁の繋がりで一層広がりをみせていく。この先に何があるのかはわからないが、みんなで楽しんでいければ面白い世界に違いない。

たが・ひでのり　2011年度から初任で進学校を経験し、2015年度より現任校で勤務。2019〜2021年度に文部科学省事業「地域との協働による高等学校教育改革推進事業(地域魅力化型)」研究担当と教務主任とをコロナ禍の混乱の中で兼務。三重県若手進路研究会会長。

「与えられた場」から「与える場」、
そして「共につくり上げる場」へ

稲垣桃子

立命館宇治中学校・高等学校 国語科教諭

1.　「与えられた場」で何ができるのか

　　2017年度の終わり、次年度からの校内での教育課程の改定に伴い学校全体が動きだしていた頃、教科主任から、「2019年度から高2の選択科目が新しく開講される。稲垣さんが担任として持ち上がる予定の学年からのスタートだから、新しい学校設定科目の内容や進め方を考えて欲しい」と告げられた。教員1年目がようやく終わろうかという頃の思いがけない話。「私にできるだろうか」という不安、と同時に、「なんだか面白そう」という漠然とした期待感。そんな思いのまま「わかりました」と答えたあの瞬間に、私と「文学総合」との歩みが始まった。今にして思うと、経験の浅い私に、学年の3分の1以上もの生徒が受講する授業を、白紙からつくる機会を与えてくださった教科主任の決断に頭が下がる。教員初年度に同じ学年を担当した間柄であったその主任からは、常に「誰かが言ったからではなく、自分の頭で考えて行動したり、授業をつくったりしなさい」とご指導いただいた。授業内容や指導方法で悩んだときは、相談に乗り、アドバイスをくださる、そんな先生だったからこそ、「新科目の責任者になりなさい」と言われたときにも、「まずはできる限りの挑戦をしてみよう」と前向きに答えられたのだろう。

　　「与えられた場で何ができるのか」、それが私にとっての「探究」のテーマとなった。

　　そのような経緯で開講された「文学総合」は、「古典作品から現代作品に至るまでの様々な作品を読み、それに対する意見文を作成する」というコンセプトで始まった授業だったが、授業を進めるにしたがって「生徒はこの授業を通じて、何を学び、どんな力がついているのだろうか」という不安と悩みが徐々に大きくなっていった。そのような日々を送っていたある日、学年主任から福井県立若狭高校の公開授業の案内をいただいた。「若狭高校の研究主任は国語の先生だから、きっと今やっていることのヒントがたくさん見つかると思う」

という言葉に背中を押されたものの、強い興味を感じたわけではなかった。勤務校が初任校であった私は、恥ずかしながら他校の国語の授業というものを見たことがなく、いわば井の中の蛙状態であった。結局は「まあ、行ってこようか」という軽い気持ちで、同世代の教員と共に授業見学をさせていただいた。そのときの衝撃は忘れられない。生徒たちが自分で文章を読み、疑問点を持ち、その疑問点をもとに生徒同士で対話をしながら自分たちで読解を進めていく。教員はその様子を見ながら適宜質問をし、対話をアシストしていた。主体的・対話的な学びが重視される今では珍しくない光景であるが、当時、そのような実践を見たのは初めてであり、自身の授業の在り方が根幹から揺さぶられた瞬間であった。「何これ。すごい」と純粋に驚くと同時に、「私もこのような授業をしてみたい!」という衝動に駆られた。それは同行した教員も同様だったらしく、帰りの道中「すごいよね。あんな授業してみたいよね」と話が盛り上がった。授業見学という「場」が、自分の授業を振り返らせ、もう一度、「どのような力を生徒に身につけさせたいのか」を考え直す機会を与えてくれた。

2.　「授業という場」がつなぐ生徒と教員

　そんな思いで迎えた2020年度。新型コロナ感染症禍の直撃もあり、「文学『を』学ぶ授業ではなく、文学『で』学ぶ授業にしたい」という思いのもと、「探究」を授業の主軸に置き、文学作品を素材として自ら問いを立て、その答えを導き出していく、という流れの授業スタイルに変更した。当初は戸惑っていた生徒も多かったが、1年が終わる頃には、「レポートを書くことを通じて、文章を書く力や根拠立てて説明していくスキルが身についたと思う」「たくさんの作家や本と出会えて幸せでした」という感想が生まれるようにもなった。一方で、「もう少しみんなの意見も知りたかった」という意見もあり、実践3年目以降の改善点も見えてきていた。そんな折、宮城県仙台第三高等学校(以下仙台三高と略す)で校長をされていた佐々木克敬先生から、「若手の教員同士で学校間をつないで文系の探究授業を合同で行えないだろうか」という打診をいただいた。生徒が学校内にとどまらず学校外の人とつながる機会を教科教育の場でもつくりたいと考えていた私にとって、佐々木先生からの提案はありがたく、2021年度から仙台三高との交流授業が始まり現在に至っている。公立と私立、京都と宮城、生徒の様子も文化も違う学校間での交流、そして遠い地で奮闘する同世代の教員との出会いという「場」は、教科の在り方や授業の在り

方について、再び考え直す機会を私に与えてくれた。また、生徒たちにとっても、大きな収穫があったように見えた。他校との交流という「場」が生徒たちにこれまで気が付かなかった新たな「読み」や「問い」の視点を与え、その中で生まれた刺激が学びの意欲を高めていたのではないかと思う。

3. 教科としての「場」づくり

　2022年度には、各校新しいメンバーを追加し、「文学」と「歌枕」という2つのキーワードを用い、交流授業を行うことになった（この授業の詳細については本稿では割愛するが、内容を紹介していただいた記事*をお読みいただきたい）。その中で私たちが意識したのは、「教科としての場づくり」である。各個人に結び付いただけの交流であるのならば、継続性を担保することは不可能である。そのため、2022年度の交流では、関わる教員の数を増やすことで、取り組みを「学校」レベルで行い、交流の継続性を見出すことを重視した。また、私自身が他校との交流の中で自らの授業を見直すことにつながったことから、両校ともに、若手教員に関わってもらい、教員研修の意味合いも持たせることにした。

　その結果、まず交流に携わった生徒の成長が見られた。2022年度に授業を受講していた生徒の一人が、「別の授業でも、仙台三高とコラボができないだろうか」と相談してきた。その生徒は、別の授業での取り組みを完成させ、仙台三高で開催された探究発表会で発表を行った。また、交流後に連絡を取り合い、縁が続いているという生徒もいる。ひとつの授業で教員から「与えられた場」が、他の授業や生徒のその後の活動につながり、仕掛けた私たちの予想を越えて生徒が「活躍の場」を広げていった事例であった。また、教員にとっても、「成長の場」になっているようである。2022年度に交流授業に参加した同僚は、「稲垣先生が何か他校との取り組みを計画しているらしい」という曖昧な情報に誘惑されて授業担当を引き受けた。当初の予定では、交流授業の予定はなかったが、先方との交流の深まりにしたがい、授業を行うこととなった。彼女は交流後の感想として「はじめは何もわからない状態で会議に放り込まれ、全体の流れについていくことで精一杯。まるで、盛大な詐欺にあったような気分だったが、私の想像以上に生徒は成長していった。私自身も、他校の先生方と一緒に授業をつくり上げていくことで、自分を客観視すること、授業準備の大切さを実感した。教員の熱量は生徒に伝染する。そんなことを考えさせられるほ

---

*「"現場発"の教育イノベーション 2校合同授業を見学しました！
（立命館宇治高校・仙台第三高校）」Benesse VIEW NEXT online
https://view-next.benesse.jp/innovation/page/article13238/

040

ど、生徒に伴走することで私自身成長できたと感じている」と述べている。

　また、彼女の発案で、2022年度に校内の中学と高校の交流授業も行うことができた。生徒たちからもこの交流授業に関しては、肯定的な意見が多く、今後の継続も考えている。「学校外とのつながりという場」が、教員自身を変化させ、校内でのつながり、教員の成長につながったものだと考えている。

4. 共につくり上げる「場」

　「文学総合」での交流の取り組みを通じて感じることは、「学校内で完結しない場をどうつくるのか」という横の拡がりと「その場を将来にどう生かすのか」という縦の拡がりの2つの課題意識を持つことの重要性である。授業づくりという「場」を与えていただいたことにより、校外で様々な知見を得る「場」に出会わせていただいた。そして、その「場」でのつながりが、交流授業という「場」の実践につながり、それは生徒・教員の成長の「場」をつくることでもあった。与えられた「場」で役割を果たすことは重要である。しかし、それ以上に、「その場を生かし、どのように活用していくのかを考えること」の重要性を学んだのもまた、「文学総合」と共に歩んだ4年間だったと言える。学校教育において「場」をつくるのは、教員だけの力では不可能である。生徒と共に「場」をつくり上げるという感覚が重要であり、生徒、教員のつながりがその「場」の新たな価値を創出するのだろうと今は考えている。実際、授業の取り組みを通じて文学作品や哲学に興味を持ち、自分が進みたい道を決定した生徒もいる。

　また、2022年度の取り組みを見学した教員が、2023年度の授業案を提案してくれている。教員として眼前の生徒たちのことを考えれば考えるほど、学校内に視点がとどまりがちである。しかし、学校外に目を向けることで、自身を客観視し、自らの到達点を評価し直すきっかけとすることができる。また、その結果や成果を生徒に還元することで、生徒の成長を促す一助になりうる。

　所謂「中堅」という立場に片足を踏み入れた今、様々な場を与えていただくだけではなく、生徒と共に成長する場をつくる機会にも恵まれるようになった。私が出会わせていただき、自分を客観視するに至ったような「場」をつくり上げること、そして、仲間の教員、生徒と共闘者として学校という「場」をつくり上げていくことが、今の私にとっての探究テーマである。

いながき・ももこ　2023年度で教員7年目。教科探究をテーマに、日々仲間たちと生徒も巻き込んで奮闘中。

学校を共に創ろう！
どうしたら、ワクワクな学校になるのかを考えてみた

田中愛子

大阪府立東高等学校 教頭 地理歴史科（世界史）

1.　多様な人々との出会いとマインドセットの変化

　先日50歳の誕生日を迎えた。思えば遠くに来たものだ。教員生活25年を過ぎ、その中で何度「安全・安心の場」づくりを進めると伝えたことか。ただ、「安全・安心の場」の持つ意味は、出会った人たちからの学びによるマインドセットの変化によって、時々で違う意味が加わっている。

　最初のマインドセットの変化は、20代後半の「絶対評価」へのシフトだった。当時どうしても授業を起きて受けることができず、提出物が出せず、テストで点数を取ることができない生徒たちがいた。評価をどうしたものかと思案していた時に、先輩教員から、「絶対評価で見てやらなあかん生徒もおる。その子なりの成長を評価してやればいい」と言われた。過程ではなく結果しか見ていなかった自分にとって、絶対評価の持つ意味が変わった瞬間だった。それでもいいんだ、と安堵した瞬間でもある。その時から、生徒一人ひとりの成長を見取ることが、生徒にとって「安全・安心の場」になると考えるようになった。

　次のマインドセットの変化は30代後半の「ねばならない」からの脱却だった。ようやく世界史の受験指導ができると息巻いており、とにかく無我夢中で、様々な研究会で得た知識をフル稼働し、視聴覚教材も駆使して伝え続けた。だが、生徒の知識の定着率は思うほど伸びない。そんなある時、受験生から昼休み補習の申し出があった。当時の私は、いわゆる進路多様校の進路指導主事で時間に追われており、ほぼ唯一の休憩時間に講義することが体力的に困難だった。そのため、授業のノートを使って生徒に説明してもらった後、私から質問をする、という形式をとった。結果、始めて3か月ほど経った頃から、生徒の成績は向上していった。この経験を通して、生徒の学力向上のために「全てを」「教えねばならない」という呪縛から解放されることとなった。そして先生と生徒の対話、生徒同士の対話を促すことで、生徒が発言しやすい授業となることが、生徒にとって「安全・安心の場」となると考えるようになった。だが実

際には、そううまくいかないこともある。

2.　主体性と積極性の違い

　進路指導部に所属していた頃、まずは外発的動機づけを重視し、大学関係者や研修会などで得た様々な情報を駆使して、その生徒にとっての進学先のメリットを語っていた。多くの生徒はアドバイスした大学に行くメリットを魅力的に感じてくれ、結果として入学するためによく努力してくれた。だが、年数を重ねていくうちに、生徒の進路実現をかなえるためには、外発的動機づけ以上に、内発的動機づけの必要性を強く感じるようになった。そんな思いを抱いている中で、探究という言葉がちらほら聞こえ始めたのが、40代前半だった。進路決定の内発的動機づけには効果的に感じるけど、探究という活動に取り組んだことはないから、一度体験してみたほうがよさそうだ、と思っていた時に「犬島プロジェクト」＊の提案が所属したての勉強会であった。「犬島プロジェクト」とは、岡山県にある犬島を舞台に、NPOの若者、多様な学校の先生で主に構成される教育実践未来会議の有志とその学校の生徒で実施された、リアル課題解決型学習だった。プロジェクトで初めに確認されたのは、生徒が主体的に活動できるよう、生徒、先生関係なく対等であること、また、先生はあくまでも見守りに徹するということだった。

　完全に受け身姿勢でこのプロジェクトに参加した私は、参加した先生たちとの力量の違いを痛感し、焦ってhow-toを見て真似ようとしたことで、参加生徒の信頼を完全に失うという状況に陥ってしまった。このつらい経験を何とか消化させて決着をつけるため、教育実践未来会議でのプロジェクト振り返り会であえて発表した。その時、年下の教育関係者に「（探究活動を）進めるうえで大切なことは、主体性と積極性は違うということを理解して関わることです」と教えてもらった。活発に発言しないなど積極的に行動しているように見えなくても、その課題に向き合い、思考を巡らせている生徒は主体的に活動している。そのことに気づき、寄り添うことが先生として大切なんだと。自分にとっての失敗を伝えたからこそ、生徒一人ひとりに寄り添うために必要な視点を学んだ時間となった。

＊「犬島プロジェクト」の報告は「キャリアガイダンスセミナー 2017 レポート」
　で紹介されている。

3. 大人にとっての安全・安心の場とは

　「犬島プロジェクト」は勤務校から参加した生徒にとって、キャリア形成に大なり小なり影響した。言い方を変えれば、進路決定のための「内発的動機づけ」に探究活動は有効というエビデンスを得た、というわけだ。40代後半で赴任した新たな勤務校では、令和4年（2022年）度から本格実施の学習指導要領に向けたカリキュラム編成を、「総合的な探究の時間」を軸にして進めることとなった。分掌組織の再編も同時に行っており、図書、視聴覚に「総合的な探究の時間」の企画・運営を加えた新たな分掌である「探究推進部」が創設され、私はその分掌の長に就くこととなった。

　1年目はとにかく無我夢中で、まずはやってみようのスタンスで探究推進部の先生たちと進めた。だが、教科担当者が自分の授業という思いになりにくかったことや、探究推進部が進める手法について理解が得られない場面もあった。そしてなにより、先生も生徒も、設定したゴールをめざして探究活動にワクワクしているように感じられないことが、企画・運営をする立場にとって申し訳ない気持ちでいっぱいだった。

　全教職員がいつかは関わる探究活動について、そろそろ腰を据えた大人の意見交換が必要だと感じていた頃、縁あって広尾学園高校へ学校訪問をさせていただいた。そこで広尾学園高校の生徒に、どうやったらワクワク探究になるのかを質問すると、「先生がワクワクしていれば、生徒は単純だから、（生徒も）ワクワクしてくるものなのですよ！」と答えてくれた。この言葉に後押しされ、勇気をもって校内の教職員研修で打って出ることにした。今回はいつもの講演やワークショップを開いて学ぶ研修ではなく、今の取組を検討する研修会とし、総合的な探究の時間をこれからどう進めるのかを考えるために、先生たちに参加してもらい、より多くの意見を集めたいとお願いした。もちろん、その過程で今の取組への理解を深めてもらいたいという思惑はあったが。

　研修の進め方は、次のとおりである。

　①現在の取組内容の概要説明
　②主体的な探究活動に必要なことは何かを確認
　③今後のプログラムをどう構成したらよいか、グループで討議
　④各先生が総合的な探究の時間のプログラムを提案

研修会の最初に一人ひとりに④を提案してもらうと伝えたこともあり、グループ討議は活発に行われた。参加した先生たちは皆、課題へ真摯に取り組んでくださった。提案されたプログラムとその理由の分析結果はエビデンスとなって、次の新たな企画は納得を得やすい形で進めることができた。この時に提案した、自分が興味関心のある学問分野の先行研究を、生徒数名のチームで読むという取組は、先生の負担感から当初は担当者に懸念の声もあったが、生徒たちの発表する内容自体が先生たちの学びにつながることも多く、取組が終わり、本格的な探究活動が始まってからも、「あれやってよかったね」と声をかけていただけるようになった。「あれ」で分かり合える、場を共有したからこそ得られた「共通言語」を持つことこそ、大人の「安全・安心の場」には必要だと実感した経験となった。

4. やっぱり生徒も先生もワクワクな学校を共に創っていきたい

教職員研修会が終わった後、普段は探究活動を理解するのは難しい、という顔をしている先生に感想を聞いた。

「みんなでワイワイ考えて、めっちゃ楽しかった!」

先生が、校外の研修会や学校訪問などに参加して多様な人々と対話し、その中でマインドセットが変化することは、生徒にとって「安全・安心の場」をつくるためにはとても重要な意味を持つ。だからこそ、特にこれからの教育を創っていく若い世代には、どんどん校外に飛び出してほしい。ただそれと共に、大人が校内で学校の取組を自分ごととして考えて表現する機会を得、そこから共通言語が生まれ、その共通言語を皆で共有し、実践することで、大人にとって「安全・安心の場」をつくることも重要である。そして大人も「安全・安心の場」で、チームとして仕事を進める時、先生という仕事にワクワクできるのではないだろうか。先日の始業式で勤務校の校長先生が「チーム=TEAM」の語源について話しておられた。Together Everyone Achievement Moreの頭文字をとったTEAMとして共に目標に向かい、みんなでワイワイと、補完し合いながら協力して、より大きな成果を達成する。そんなチーム創りに、子どもも、大人も、学校という場でワクワクしていけるような、明日への一歩を踏み出していきたい。

たなか・あいこ 1973年生まれ。名古屋市出身。京都教育大学卒業、奈良女子大学大学院修了後、1998年に大阪市の高等学校教諭(世界史)として採用。前任校、現任校にて進路指導主事、探究推進部長を歴任。

外とつながり、中をつなげる

井上 梢

熊本県立高森高等学校 教務主任 理科教諭（生物）

1.　はじめに

「あの時まいた種が開いてますよ」。

以前同じ学校に勤めていた先生から、こう言ってもらったことがある。

現任校に赴任して4年目になる。その前に勤務していた学校で私は授業改善の推進担当者をしており、その頃の取り組みに対しての言葉だった。今の職場に来てからそのような役割から離れていた私にとって、そのように言ってもらえてありがたい反面、少し胸が痛むような気持ちにもなった。

昨年度から教務主任という立場になり、授業づくりやチームづくりについて考えるようになった。この場をお借りして、これまでの経験をふりかえり、これからのことを考えてみようと思う。

2.　学ぶことは楽しい?──AL型授業との出会い

そもそも私が授業について真剣に考えるようになったのは、2人の娘の出産・育児によるところがとても大きい。

私が教員を目指すようになった理由のひとつは、教育実習のときに生徒たちが私の話を真剣に聞いてくれたことがとてもうれしかったからである。だから、教員になってからも教科書のすみずみまで丁寧に説明できるように準備をしていたし（教育実習のときは台本も書いた）、ノートにきっちり板書計画を書いていた。生徒の反応も悪くなかった（と思う）。

ある程度経験も積み、自分の授業スタイルも確立できつつあると実感できたところで念願の子どもを授かり、2年半の間、産・育休をいただいた。休みの間に教育課程が変わるということに不安を感じつつも、初めての子育ては未知のことだらけで、そんなことを考えている余裕はすっかりなくなってしまった。気づけば復帰直前の2014年3月、心配だったのは2年半の間まともに話

せない乳幼児と独り言のような会話しかしていなかったためちゃんと大人と話ができるかということと、子どもたちが保育園に早く慣れてくれるか、病気をしませんように、といったことぐらいだった。

　いざ復帰をしてみると、問題はそこではなかった。もちろん２年半のブランクは大きく思ったようにすらすらと話ができないと感じたこともあったし、家事育児と仕事の両立は記憶があいまいなくらい大変だったが、それよりも一番衝撃だったのが生徒の反応だった。育休中に見てきた子どもの姿とそこにいる生徒の様子があまりに違ったのだ。

　幼児と高校生を比較すれば当然かもしれない。しかし、うんざりするほど「あれはなに？　これはなに?」「あれしたい!　これしたい!」と言い続ける娘たちを見ていて、私には「学ぶことは本来ヒトにとって楽しいことなのではないか」という思いが生じていた。だとすれば、目の前にいる生徒たちはいつ楽しさを感じなくなってしまったのだろう。少しでもそれを取り戻して、学ぶ楽しみを思い出してほしい。そう考えるようになった。

　これまで通りの授業ではそれは難しい、何か方法を考えなくては、と考えていたところにAL型授業の実践発表を見る機会があり、発表者の先生の紹介でAL型授業の学習会に参加した。それがアクティブラーニング型授業研究会くまもと（以下、ALくまもと）の学習会だった。初めてのAL型授業に正直戸惑ったが、やるしかないという思いで挑戦した。「アクティブラーニング」という言葉が教育現場でもちらほら聞かれるようになった時期でもあり、私の実践を知った当時の管理職から校内の推進役を任されることになった。

3.　授業研究チームを作ってみた

　授業改善担当となった最初の１年はAL型授業の実践に役立つ本を紹介したり、私個人が様々な挑戦をして経験を積んでいった。２年目には校内全体への広がりを考えて「授業研究チーム」を作り、外部講師による職員研修の企画やチーム内でのミニ研修会を行った。３年目は全教科から授業研究推進担当者を出してもらってチームを作り、外部講師なしの職員研修を自分たちで運営した。この頃にはチームのメンバーに研修のファシリテーターを担当してもらえるようになった。

　こうしてみると順調に進んだようにも見えるが、実際担当をしている間はまったく進歩が感じられず、自分の力不足を感じて辛い日々が続いた。そんなと

き支えになったのがALくまもとの存在だった。自分の実践に行き詰まっているとき、その時々の最先端ともいえる研修内容に刺激を受けた。ALくまもとがきっかけで全国各地の方々とつながることができ、視野を広げることができた。そして、それぞれの場所で奮闘する運営メンバーの存在は私にとって非常に大きな支えとなっている。辛いと感じながらもめげずに校内の場づくりを続けることができたのは外とのつながりがあったからだ。

　授業改善担当を命じられて5年目が終わる頃、コロナ禍が訪れた。2020年2月末に突然の休校となったとき、ベテランの先生が「この間にこれからの授業に役立つような研修会をしませんか?」と提案してくれ、Formsとルーブリックの研修会を実施した。自由参加だったにもかかわらず、どちらも参加者が20名を超える大盛況だった。

4. "たくさん考えないといけない授業"

　最初にAL型授業をした日のことは今でも記憶にある。学習会で習ったことを何度も読み返し、やるかやらないかすごく悩んだ。とても緊張しながら、授業のやり方を変えることとなぜそうするのかを説明し、私の解説は短くして生徒の演習時間を作った。急に手を離されて戸惑う生徒の表情と、そんな表情を見て本当にこれで大丈夫なのかと不安だったことを思い出す。その後もしばらく手ごたえはなかったが、どちらにしても苦しかったので続けるしかなかった。

　始めた頃に多かった生徒の反応は「もっと説明してほしい」というもので、しかもこんな風に言うのは比較的成績が良くて熱心な生徒が少なくなかったので困惑した。そのたびに意図を話したり、できていることを見つけて声をかけてはきたが、大きな変化は感じられなかったように思う。

　変化を感じ始めたのは同じ生徒たちの授業を2年続けて担当したときだった。「この人はこういう授業をする人だ」という、生徒にとっては慣れ(あきらめ?)、私にとっては信頼がある状態で授業を始めることができた。校内にAL型授業の実践者が増えてきたことも大きな要因だったと思う。そのような安心感もあって、生徒と一緒に学ぶ気持ちでいろんなことに挑戦した。教科書に載った操作をなぞるだけだった実験を班ごとに自由に計画して行ったり、生徒に授業をしてもらったりもした。そのうち、実験レポートを作成する中で生じた疑問を解決するために関係する論文を探す生徒が現れた。また、バイオテクノロジーについて議論する中である生徒が「これは倫理の話だ!　倫理の先生と

も話をしたい！」と言い出し、実際に倫理担当の先生をお呼びして科学と倫理の視点で語り合うことができた。どちらも私の想像を超えた行動だった。

　「先生の生物は、たくさん考えないといけない授業でした。でも、どんどん知っていくことでとても楽しい時間に変わっていきました」。このクラスの一人が卒業するときにこんなメッセージをくれた。この言葉と彼らが学ぶ姿のおかげで私は少し自分の実践に自信を持てたし、任せることや待つことの大切さを実感できた。このことは今の私の授業にも生きている。

5.　現在のこと、これからのこと

　1人1台端末の整備によるICT環境の急激な進歩、新学習指導要領への移行に伴う観点別評価の導入など、学校現場はこれまでにないスピードで変化している。授業の形態も多様化し、生徒がグループワークやプレゼンテーションをする姿も珍しくなくなった。自分の実践が変な目で見られないかと内心びくびくしていた頃と比べると、色々な授業の形に挑戦するハードルはかなり下がったが、ICT活用や評価方法など新たな悩みも出てきた。毎日の授業は一人でするものだが、職場にそんな悩みを一緒に考えていける仲間がいることはとても心強い。冒頭の一言はチーム作りをしていた頃のそんな気持ちを思い出させてくれた。

　現在勤務している熊本県立高森高校は、この4月に全国の公立高校で初めてマンガ学科を開設した。これまであった普通科も探究活動に重点を置いた普通科として改編し、これまでの良さを引き継ぎながら新しい一歩を踏み出した。昨年度までの準備期間から新学科・コースがスタートした今も、まさに答えのない問いに立ち向かうような毎日を過ごしている。誰も経験したことのないことをゼロから作っていくのはとても難しいことだが、皆でアイデアを出し合いながら組み立てていくのはわくわくする作業でもあり、自分が今学びの真っただ中にいるのだと感じる。

　「学ぶことは楽しいこと」と感じてほしいという思いから授業改善を始めたおかげで、学校の外にも中にもつながりが生まれた。さらにそれによって私自身が学ぶことの楽しさを再認識できている。これからもどんどん外に出ながら、身近なつながりを大切にしていきたい。

いのうえ・こずえ　熊本県生まれ大分県育ち。熊本大学大学院自然科学研究科博士前期課程修了後、2008年に熊本県の高校教員として採用。2人の小学生女子の母。ALくまもと受付担当。

「ごちゃまぜの場」に関わる
あり方(Being)を考える

後藤裕子
一般社団法人machitowa 共同代表

渡部皓平
専修大学附属高等学校 教諭 数学科

キャリアデザイン講座について

　専修大学附属高等学校(以後、本校)では2017〜2019年度に「キャリアデザイン講座」という選択講座を開講し、社会と学校がつながる授業の必要性について考え、実践を行った。

　本講座では、社会で必要とされている他者との協働に必要なコミュニケーションスキルを講座内で習得し、学校外での実践機会をつくろうと、「高校×大学×民間×地域」で連携をとった。本校の親大学である「専修大学」、本校の地元である杉並和泉明店街「沖縄タウン」、毎週本講座の運営補助をし、大学・商店街にも関わる「一般社団法人machitowa(以後、machitowa)」と本校の4団体の連携であった。これによって、小さな社会とも言える、世代や立場の異なる人々が関わる「ごちゃまぜの場」が生まれた。

　中でも軸となったのが「沖縄タウン活性化プロジェクト」であった。これは、商店街を沖縄化することで再起させようと2005年に誕生した沖縄タウンを、生徒のアイディアで再活性化させようという取り組みで、生徒たちのキャリアデザインに大きく関わった。今回はこの「沖縄タウン活性化プロジェクト」を実践するまでの道のりを振り返り、①教員(渡部皓平)のキャリアデザインと②地域(後藤裕子)のキャリアデザインの2つの視点から、改めてこの「ごちゃまぜの場」にどのようなあり方(Being)で関わったかついて考えてみたいと思う。

教員(渡部皓平)のキャリアデザイン

　私は、キャリアデザインとは「人との縁」であると考えている。自分とは異なる価値観や考え、視点を持っている人たちと協働や対話を行うことで、自分の中に新しい価値観を創造し、キャリアデザインを行っていくことができるように思う。学校生活において多くの生徒は、学校内でクラスや部活動などを通

して同世代の他者と交流を行い、キャリアを形成していく。しかし、当時の私は、高校生であるならば学校外に飛び出し、世代を超えた交流をしてほしいと考えていた。

　そのように考えるきっかけは、当時の本校の職場環境にある。本校では地域を題材とした授業を展開している教員が多く存在していた。例えば、防災の観点から本校が地域に根ざした学校となるために、高校生と地域の「ご近所付き合い」をテーマに授業実践している教員もいた。特に興味深かったのが、学校外に出て、地域のイベントやワークショップに参加し、ファシリテーションの実践を積むというものだった。当時はアクティブ・ラーニングという言葉が流行しており、ファシリテーションなどの21世紀型スキルを教員が身につけることに注目が集まりはじめていた。そのため、学校での活用を見据えて、地域においてファシリテーションを実践し、スキル習得のために武者修行に繰り出していた。その際に付き合いがあったのがmachitowaで、machitowaの開催するワークショップを通して、後藤裕子と知り合った。

　そうした状況から、私も実際に地域でファシリテートをさせてもらう場を得て、本当の意味での他者理解の大切さを学んでいった。このような経験を積み重ねていく中で、私自身大きく成長できたと考える反面、学校内だけでの学びやキャリアデザインに限界があるのではないかと考えるようになった。生徒たちも私同様、学校外に飛び出すきっかけをつくることで大きく成長できるようになるのではないかと考えたのだ。学校の授業内で多種多様な人が関わることができる「ごちゃまぜの場」をつくることはできないか。そんなイメージを膨らませていた時、偶然にも本校生徒が杉並区長に「沖縄タウン活性化プロジェクト」を提言する機会があり、プロジェクトを私が引き受けることとなった。多くの人との偶然の出会いや出来事によって、この「キャリアデザイン講座」は開講することとなった。

地域（後藤裕子）のキャリアデザイン

　専修大学附属高校での授業サポートのお話を聞いた時、私は自身のキャリアの"リデザイン"真っ最中だった。新卒で入った職場を3年で退職し、デザインを学ぶ2年制の専門学校に再進学したばかり。社会人としても未熟で、何かを教えられる経験も専門スキルもない私が、高校の授業という未知の場に携わる。正直、役に立てる自信はほとんどなかった。ただ、同級生でも先輩でも先

生でもない自分がその場に混ざることが、わずかでもその場に変化を起こし、可能性を広げていくだろうということだけは信じていた。

そう思う背景には、自分自身が地域に踏み出し、様々な人と出会って、可能性が広がったという経験があった。それは社会人になりたてで、日々を仕事に追われ、その内容にもやりがいを見出せていない状況だった頃。杉並区内で行われていた商店街活性化に関するワークショップを区の広報誌で発見した私は、直感的に興味を持ち、若干不安はあったが、一歩踏み出してみようと会場に足を運んだ。ワークショップは、商売されている方や地域に関心のある方など、様々な人が集まった「ごちゃまぜの場」となっていた。普段とは全く異なる世界に足を踏み入れたような感覚に楽しさを覚え、そこでの出会いをきっかけに、machitowaが行っていた地域住民の交流の場に足を運ぶようになった。

その場は本当に多様で、狭い世界しか知らなかった私にとって、生活環境、考え方、働き方、理想の未来……実に豊かな「違い」があった。こんな考え方・選択肢があるんだと、どんどん可能性が膨らんで、いつしか私の中には、「自分の好きなことで、地域を良くしていきたい！」という気持ちが芽生えていた。そこからはあっという間に、キャリアのリデザインに動き出していたのだった。

そんな状態で、高校生との時間を過ごし始めた。授業のサポートをする立場ではあるけれど、その環境は私にとってまた新たな「違い」に出会う場でもあった。何かを教えるなんておこがましいし、私も絶賛学びの途中。何も隠すことなくありのままで、目線を合わせて、みんなと一緒に学びたいという気持ちだった。実際、関わった3年間で、沢山の気づきと感動をいただいた。

面倒そうに授業に参加しているなぁと思ったら、意外と私に話しかけてくれたこと。授業で出会った生徒が、積極的にmachitowaの活動にも参加してくれたこと。授業の中で「沖縄タウン」のマップのリニューアルを行った時には、想像を超える完成度の提案をしてくれたこと。学校外でのプレゼンの場に向けて、何度も話し合って、心動かす提案を作り上げていたこと。商店街のイベントに協力してくれて、自分たちなりのアイディアを熱心に考えていたこと。どの取り組みも私にとって新鮮で刺激的で、その一つひとつの場面で、考えていることを真っ直ぐに受け止めたい、想いを聴いて丁寧に寄り添いたいという気持ちで過ごしていたように思う。

「沖縄タウン活性化プロジェクト」では、生徒と商店街でヒアリングをしたり、一緒にイベントを実施したりした。最初はなんとなく構えていたような店主さんたちも、生徒が活動を続けるうちに、声を掛けはじめ、彼らの活動を応

援するように変わっていった。この取り組みは生徒たちの成長にもつながったと思うが、同時に店主さんたちが少しずつ変化を見せたことも印象に残った。

　生徒たちと一緒に商店街に携わりはじめ、私はその後もずっと地域での活動を続けている。そう考えると、授業を通してキャリアを見出していったのは私の方で、このご縁に感謝しかない。多様な出会いを重ね、互いの違いを楽しんで気づきを得ながら、ありのままの自分への信頼を深めていくことが、「キャリアデザイン」になっていたのだと思う。生徒たちにとってもそうであったことを願う。

「ごちゃまぜの場」に関わるあり方（Being）を考える

　この当時出会った生徒たちは、もう立派な社会人となって、また新たな出会いを重ねているだろう。キャリアデザイン講座での多様な出会いを通して、本当の「コミュニケーション」を体感したことが、彼らの価値観を豊かにし、これからの活躍につながることを期待してやまない。今回この授業で我々は、高校生が社会に関わる第一歩として「ごちゃまぜの場」をつくったが、それはここまで書いてきた通り、過去の自分たちの数々のご縁から出来上がったものと言える。考えの異なる組織、そして運営に関わってくれたキャリアの異なる方々と、多くの対話を重ねながら場をつくることには少なからず難しさもあった。だが、だからこそ講座内でも「人工的」ではない多様性が生まれていたのだと思う。違いを楽しみ、そこから可能性が広がっていくことを信じること、新たな期待や発見を求める探究心こそが、私たちのあり方（Being）なのかもしれない。

ごとう・ゆうこ　沖縄タウンでのイベント企画、ネイバーズグッド（株）にてデザイン業・杉並区の社会教育事業の講座運営、（株）まめくらしにてセミナー事務局などを務める。

わたなべ・こうへい　日本大学理工学部物理学専攻博士前期課程修了。2013年より現任校勤務。キャリア教育について考え、現在は附属高校での探究について実践を行う。

学びの土壌づくり

菅野定行

株式会社オーナー ディレクター

　私はこの春宮城県の公立学校教員を退職し、株式会社オーナーに就職した。仙台市に本社を置く2021年創業のスタートアップ企業である。「一人ひとりが自分の人生のオーナーとして輝ける世界を目指す」をVisionに、「世界中の人に学び続けるチカラを」をMissionに掲げ、探究的な学びを支援するデジタル教材の開発やキャリア支援サービスを行っている。私はこの会社で、これまでの現場経験を活かし探究活動や生徒のキャリア支援を担当している。

　公立高校の退職校長は私立学校や教育関係の外郭団体を第二の職場とする者が多い。ではなぜ私はこの会社を選択したのか。その理由は、校長時代の学校づくりで目指した「主体性を持ち自己決定を続けながら社会を創造する若者を育てる」という思いを叶えるためである。40年弱の教員経験を事業推進に役立てるとともに、より広いステージで高校生のキャリア支援ができるのではと考えた。

　私は2018年に宮城県石巻西高等学校長に就いた。同校は石巻地域で一番歴史が浅く、明るくまじめで穏やかな生徒や意欲的な職員に恵まれた学校である。ただ、石巻地域は東日本大震災後人口減少が著しく、同校も私が赴任した年から学級減が始まり、学校の魅力化を進めなければとの思いを強くした記憶がある。

　赴任2年目に「学校スローガン」を制定した。本校には校訓や教育目標はあるものの、生徒がそれを口にすることは少なかった。そこで生徒会執行部生徒に「校訓ってあまり使われないよね。石巻西高の特徴を表すスローガンを作り、学校への帰属意識を高めませんか」と呼び掛け、生徒たちと考案したのが「スローガン『自由と創造』」である。主体的に判断・行動する力を備え、これからの地域や社会を形成し未来を創造できる、心身ともに健康な市民へと成長することを目指したものである。

　また、同校は2019年度から3年間、文部科学省「地域との協働による高等学校教育改革推進事業（地域魅力化型）」の指定を受けた。震災を乗り越え持続

震災を乗り越え持続可能な未来を創造する人材育成プログラム

Sustainable Development Goals

学校

・地域愛、地域貢献意欲
・自尊感情、自ら関わろうとする力
・対話力、共感力、合意形成力を伸ばす

持続可能な地域未来の創造

地域

・地域を良くしたいという情熱と信念を有する人材
・自己の役割を認識し主体的に地域課題に向き合う人材
・多様な人々を巻き込んで地域課題に取り組む人材
　を育てる

【学校における取り組み】

総合的な学習・探究の時間
■ SDGs地域課題研究　■ 職業人インタビュー
■ 自己・職業・社会理解講座　■ 地域理解講座
■ インターンシップ

教育課程外の活動
■ 地域支援ボランティア活動
■ 小学生の学習支援
■ 地域理解講座・課題研究における
　フィールドワーク

教科・科目
■ 現代社会　■ 社会と情報　■ 環境と科学
■ 地理A・地理B・地理探究　■ 国語総合

その他
■ まなびフォーラム　■ 研究成果の普及

運営指導委員会

宮城県教育委員会

東松島市　石巻市

公益社団法人
石巻地域高等教育事業団

女川町

連携・協働

推進校
石巻西高等学校

コンソーシアム構成組織

石巻専修大学

他の県立学校

ISHINOMAKI 2.0

SDGs 未来都市東松島（東松島市）
「全世代グロウアップシティ東松島」として、こども・若者・高齢者の全世代にわたって住みよいまちづくりを目指す

高校生の課題

・自尊感情・自己肯定感の弱さ
・失敗や困難を回避する傾向
・当事者意識・主体性のなさ

希薄な関わり

地域社会の課題

震災以降の
・著しい人口流出
・コミュニティの崩壊
・小中学生の学力・体力の低下

可能な未来を創造する人材育成プログラムと題し、圏域内9つの高校、自治体、大学、地域NPO等がコンソーシアムを構成し協働的な教育活動を展開しながら、持続可能な地域未来を創造する市民を育成するといった構図を描いた（詳細は上図、石巻西高校ホームページより）。この取り組みは現在も民間財団の助成を受け継続されている。加えて「育成する6つの力」も教育計画に示した。①地域・社会貢献意欲、②自己調整力・自己決定力、③学び続ける力、④自尊感情・達成感、⑤対話力・共感力・合意形成力、⑥他者と関わる力、である。文科事業申請時に掲げた①④⑤をベースに練り上げたもので、本校のあらゆる教育活動はこれらの実現を目指して設定されている。

　総合的な探究の時間では、生徒が社会に飛び出し地域の大人たちと対話を重ねるプログラムを数多く設定した（「街ライブラリー」「街ミッション」「街クエスト」など）。その結果、自分軸が定まり積極的に社会に関わりたい、そのために高校では○○についてしっかりと学びたいと考える生徒が増え、彼らは主に総合型選抜を利用して志望進路を達成していった。この事業に取り組むうちに、本校のカリキュラム・マネジメントの柱が探究活動であるとの認識が浸透していったように思われる。これらの活動は生徒・保護者からも評価され、学校評価

「高校生活は充実している」項目での肯定的評価は90％を越え、入学者選抜でも地域トップクラスの倍率を誇る学校となった。

　学校づくりが順調に進められたもう一つの理由として、同校が「学びの土壌づくり」に注力していることもあると考えている。

①心理的安全性が保障される安心安全の土壌（失敗の許容）

②他者との協働が生まれる多様性の土壌（個の尊重）

③問い問われ振り返りを促す対話の土壌（本音の尊重）

　主体性を発揮して動き始めた生徒が何らかのミスをした場合、それをとがめられては自ら行動しようとする意欲を持てなくなる。多様な生徒たちが心地よい集団を作るにはメンバーの個性を尊重しなければならない。級友や担任、大人たちとの対話に積極的な生徒は探究を自分で進められるし、そのような生徒が集まる学校なら特別活動や部活動も当然活発になる。「学びの土壌」が整ってはじめて「育成する６つの力」が育つと考えている。結果として同校は不登校生徒や中途退学者が極めて少ない学校となった。もちろん職員にとっても働きやすい環境だとも言えよう。

　以前の勤務校でも、私は「学びの場づくり」を意識した教育活動を一貫して行ってきたようだ。

　石巻西高校に赴任する前、昼間定時制高校の白石高等学校七ヶ宿校に副校長として勤務した。学校になじめなかった者、不登校を経験してきた者、経済的な理由で定時制を選択した者、様々な背景を持つ生徒が在籍しており、彼らが「安心して過ごせる場づくり」を心がけた。学習に自信の持てない生徒も多く、教員は一人ひとりの学習を確認しながら個別最適な学びを実施していた。教員たちは頻繁に生徒に声をかけ、生徒が発するSOSを見逃さぬようしていた。また、学校設定教科「キャリアデザイン」を新たに立ち上げ、生徒たちが社会と接点を持ちキャリア設計をする支援や、自己理解、社会理解、職業体験等を盛り込んだプログラムを設定した。また、特別活動も生徒を育てる大切な機会と捉えた。町の行事に積極的に生徒を参加させ、コミュニケーションを通して承認される経験をたくさん積ませた。同校生徒にとって、自分を認めてくれる大人との出会いを経験することは将来、社会で大きな力になるものである。

　管理職昇任前は仙台第一高等学校に勤務していた。県内有数の伝統校で、自主自立の精神に充ちた社会に貢献できるリーダーを育てることを目指す学校であり、学習意欲が高く難関大学への進学を希望する生徒も多い。３年生のクラスを担当した時も多くの生徒は旧帝大や名門私立大学を志望していた。私が心

がけたことは、いかに学力をつけさせるか以上に、いかに生徒たちが安心して意欲的に学べる場を作るかであった。健全なライバル意識を持った生徒たちが互いに高めあう学習集団を作るにはどうすべきか。ホームルームの時間以外にも昼休みや放課後、日に一度は教室に顔を出すよう努めた。掲示物を整えたり周囲のごみを片付けたりしながら生徒を観察し軽い面談や声がけを行い、生徒が気軽に対話をしたくなるような雰囲気づくりを心がけた。その結果、生徒同士が学習の進捗や入試情報を交換しあう雰囲気が醸成された。その雰囲気は授業にも活かされ、生徒からの質問や前向きな発言が気軽に交わされるようになった。「学びの土壌」さえできてしまえば生徒は勝手に学んでくれる、との思いを強くした。この雰囲気は授業のみならず学校行事やホームルーム活動でも発揮されただけでなく、例年にない進路実績を上げる年ともなった。

　地域の中堅校である石巻西高校、過疎地の定時制高校である白石高校七ヶ宿校、県下有数の進学校である仙台第一高校、置かれた環境は異なるが、いずれの学校でも「生徒が安心して過ごせる、そして学べる場づくり」に心を砕いてきた。そして、それぞれの学校で生徒や保護者が求めるものを提供でき、ある程度の成果も得られたと考えている。

　「学びの場づくり」を意識し始めたのはいつからかを振り返ってみると、初任地の気仙沼高校時代かもしれない。当時から教師主導で引っ張る指導は得意ではなく、どちらかというと、生徒に寄り添いながら相談に乗るスタンスで生徒と接してきた。生徒が思う存分やりたいことに打ち込める環境整備が教員の仕事だと考えてきた。生徒同士の関係性を構築し、安心して学びに向かえる環境づくりができた時の方が、間違いなく成果は上がっている。それは進路実績だけでなく、部活動も同様である。この「指導よりも支援」のスタンスは教員人生で一貫していたものかもしれない。その根底には、自分が親や学校から比較的自由を与えられ、自己決定を続けられた自身の成長過程によるのかもしれない。

　新しい学習指導要領に基づく学びが２年目を迎え、探究的な学びなど「変わること」はたくさんある。しかし、朝から夕方まで生徒はかなりの時間を学校で過ごしており、その時間は高校生が社会に飛び立つ前に自分軸を定める貴重な時間であることは昔も今も変わりはない。すべての学校が生徒にとって「多様性が保障され、周囲と気軽に対話でき、安心して過ごせる場」になることを願ってやまない。その実現に向け、今自分が置かれた環境を最大限に活用したいと考えている。

かんの・さだゆき　1962年生。仙台市出身、東北大学教育学部卒。37年間高校国語科教員として生徒の学びを支援。石巻西高校校長時代は探究学習や地域連携を中心とした学校運営を行う。2023年4月 (株) オーナー入社。石巻専修大学学長付アドバイザーも兼ねる。

僕自身がたくさんの出会いによって
変われたからこそ言えること

佐藤裕幸

鹿島山北高等学校提携サポート校・福島(郡山)学習センター
CAP高等学院 代表

　かつて、私はある講演の動画に出会った。「落合陽一氏・インターネット時代のラボ教育」というタイトルの動画である。

　その動画は、落合氏が開催したワークショップについて触れていた。参加者の平均年齢は15歳。3Dプリンターやレーザーカッターで腕時計の型を作り、ソフトウェアの学習や機械学習を実装したという内容で、その5年前なら修士論文レベルのものだったが、3日間で参加者全員が達成という驚異のスピード感が紹介され、私は衝撃を受けた。その後、私は落合陽一氏に魅了され、彼に関する情報を追い求めた結果、NewsPicksという経済メディアに出会った。

　また以前勤務していた私立中高の学校行事「中学起業塾」で、ソフトバンクのCSR部門の方の講演があり、その際「これを機会に中高生と繋がる企画をしませんか」と提案し、企業訪問を実現した。

　企業訪問をきっかけにこれまで出会ったことのない大人と出会い、心境の変化が起こる生徒が現れた。生徒たちの変化を目の当たりにしたとき、私自身の心の中にも大きな変化が現れた。

　「数学の授業を通じて新しい知識に触れたときの生徒たちの輝きは、それはそれで尊いが、それは僕でなくてもできる。でも、これまで出会ったことのない大人や社会と出会う機会作りは、僕しかできないものがあるかもしれない」

進路指導の渦中で一つのイベントから高校生の未来を考える

　受験を控えた高校3年生のクラス担任として迎えた翌年度。常に頭の中にあるのは生徒の進路のことであった。模試の成績や生徒の志望などを見ながら、「どのように進学させたらよいのか?」のような受験生のクラス担任らしい(?)悩みに日々追われていた。

　しかしながら、「そもそも進路選択に限らず、自分の将来を考えるきっかけや選択肢を、我々は生徒たちに提示しているか?」という想いも強くなってきた。

NewsPicksのスタッフに、"究極のオフラインによる才能と才能の物々交換"というイベントを提案した。内容は、様々な分野のイケてる大人と高校生が出会うことで、高校生は自分の才能を大人に見出してもらい、また大人は今自分たちが抱えている課題をあえて高校生に話すことによって、違った視点で解決策を見出すコミュニケーションの機会の創出というものである。様々な方へのお声がけやご紹介などで、大手総合商社やメガバンク、世界最大級の経営コンサルティングファーム、世界的インターネット関連企業からスタートアップ系企業、教育系出版社、デジタルアート系企業、地方自治体職員、僧侶など多種多彩なメンバーを集め開催した。

　福島県で勤務する教員が、所属校の生徒のほか、東京・埼玉・福井など他県からの高校生15名を東京六本木に集めたこの企画は、参加者すべてに満足してもらえるものとなった。

　参加した高校生から出た声の多くは、「これまで様々な大人に自分のことを話したり、逆に大人ならではの悩みを聞く機会はなかった」というもので、高校生が、いかに狭い世界の中で自分の選択肢を考えていたかが改めてわかった。

イベントをきっかけにした私自身の新たな出会い

　このイベントは参加した人たちだけでなく、様々な方々に興味を持っていただいた。イベント直後に年末の教育系イベントに登壇が決まった。さらに、通信制高校サポート校を運営している方からの連絡があった。

　「佐藤さんの取り組みにとても興味があります。というのも、私自身、高校生と社会の繋がりをもっと意識できる教育を目指し、通信制高校と提携し、サポート校を設立しました。一度会って話しませんか?」

　1週間後、実際に会ってみることにした。その方の熱い話には覚悟があり、私と同じ想いを感じることができた。

　「佐藤さんこそサポート校を運営すべきだ。通信制高校の広報の方を紹介しますので、話をしてみてください」

　その翌々日、通信制高校やサポート校の話をいろいろ聞いているうちに、「やってみます」と私は決断していた。

CAP高等学院設立から今まで

　2020年4月。広域通信制高校鹿島山北高等学校サポート校・CAP高等学院がスタート。今年で4年目を迎えるが、決して順調といえるものではない。しかしながら、個人指導部も含めて、CAP生には様々な経験をしてもらっている。

①イケてる大人とのオンラインDialog

　CAP高等学院スタート当初、新型コロナウイルス感染拡大の影響を思い切り受けていたが、逆にいえば、全国様々な地域にいるイケてる大人たちとオンラインでの対話が可能と考え、地方議員や起業家、ニュースメディアなど、普段あまり出会う機会のない大人との対話を通じ、生徒たちに「自分とは何か?」を考えてもらった。「対話を通じていろんなことに気づいた」と語るのがむしろ、話題提供した大人というのもまたとても意味があった。

②私の大学・学部・ゼミ自慢

　大学関係者に話題提供してもらうオンラインイベント。入試制度や必要な学力などは調べればいくらでも出てくる時代。私はそういう情報には価値を感じていなかったので、自分が所属している大学・学部・ゼミをひたすら自慢してもらった後に、CAP生からの質問を受け付けながら対話を重ね、CAP生が自分の進路に本気で向き合う機会を作る。

③私の仕事自慢

　様々な職種の大人に話題提供してもらうオンラインイベント。「私の大学・学部・ゼミ自慢」同様、CAP生に「その仕事やってみたいかも……」と思わせる熱量でひたすら自分の仕事内容を自慢してもらい、CAP生からの質問に基づき対話し、CAP生が将来の仕事との向き合い方を考える機会を作る。

④海外サマープログラム・留学推奨

　海外サマープログラムに2名、1年以上の海外留学に2名送り出す。CAP高等学院に籍を置きながら、海外の高校での単位を変換できるだけでなく、どちらの高校の卒業資格も取得が可能。また、海外留学先には様々な国から留学生が来ているため、留学先の国だけではなく、様々な国の文化の違いに触れることができる。

　正直、どの企画も、CAP高等学院ならではのものではない。しかしながら、こうした活動でも実現できない理由を挙げる高校が多いのは、とても気になることである。

CAP高等学院を通じての私の想い

　私がCAP高等学院を設立したのは、一般的な全日制普通科高校を否定しようと思ってのものではない。ごく単純に生徒たちが自信を持って未来を切り拓いていけるようにサポートしたい思いしかない。私自身、1本の動画から始まり、様々な出会いを経て、未来を切り拓いた。皆さんには、生徒たちの心に火を灯し、彼らが自分自身の才能を信じ、情熱、自信を持って未来に向かっていけるように、生徒たちの傍らに立ち続けて欲しいだけである。

　今回紹介した内容を皆さんはどのように感じただろうか？　おそらく大半の方はきっと理解できるだろうし、こうしたことであれば、できると思われた方も多いと思う。だからこそ、まずは先生方が実際に様々な方と出会うために行動してほしい。それがゆくゆくは生徒たちの未来へと繋がることだから。

　生徒たちを学校外部と繋ぐのであれば、まずは、私における落合陽一氏の動画のようなきっかけを見つけることから始めてみる。面白いと思える人物の動画や著作を探し、その人のアイデアに触れることで新たな視点が得られる。

　また、教育以外の分野に関するイベントに参加するのも面白い。皆さんが興味のある分野やトピックに関するものと出会い、ときにはSNSなどでコメントを投稿し、自分の意見や気づきを表現することで、他の人との交流や新たなアイデアの発見が生まれる。

　さらに、自分ですべてやろうとなんか思わず、様々な人に思い切り頼る。私が仕掛けたことの大半は、多くの人たちのご協力によって実現できた。若者のためになると思えば、力を貸してくれる人は皆さんが思っている以上に多い。

　最後に、自分自身の夢や目標に向かって行動してみる。生徒たちには何かと夢や目標に向かって努力するよう言いがちだが、皆さんが学びや経験を積み重ね、自信と成長を得られれば、生徒たちにもその想いが伝わるのではないだろうか？

　ここに取り上げた取り組みは、決して大それたことではないが、限りない可能性を秘めていると思っている。皆さんが学校以外の人たちやコミュニティと繋がる主人公となり、新たな展開や出会いを創造する。その結果、生徒たちは夢に向かって一歩踏み出し、自ら未来を切り拓いていけると思えるはずである。

さとう・ひろゆき　1968年生まれ。福島市出身、早稲田大学卒業。学習塾教室長、外資系生命保険会社・冠婚葬祭互助会営業職、私立高校教員を経て、2020年に通信制高校サポート校CAP高等学院を設立。青山学院大学地球社会共生学部・松永エリック匡史ゼミアドバイザー

先生方が集う未来系のコミュニティ創りを目指して

木村裕美

みらい家庭科ラボ 共同代表
DenBee教育研究所 代表

27年間続けた教師を辞めた理由

　私は大学を卒業と同時に都立高校に勤務し、定時制高校−職業高校−改革推進校−伝統的進学校−新設職業高校と、多様な校種で教師としての経験を積んできた。特に初任校である定時制高校での勤務経験が私の教師観の土台となっている。

　大卒新規採用で何もわからないままに定時制に配属され戸惑う日々だったが、職場の同僚が、様々な理由で定時制高校に来ざるを得ない生徒たちを温かい気持ちでサポートすることによって、生徒が心を開き変化していく姿を目の当たりにして、私がそれまで抱いていた教育観は大きく変化していった。学校という場が生徒を育んでいくことや、教科指導のみならず学校生活のあらゆる活動によって生徒を変容へと導いていくには、教職員同士が信頼関係を構築していることが大きく関係していることに気がついた。平常時は協力して仕事をすることが多くはない職場環境であったが、問題が発生すると団結して問題解決に取り組む集団となり、目の前の問題に向き合って解決していく同僚たちを見て、頼もしく感じたことを今でも鮮明に覚えている。

　また、次の赴任校は職業高校であり、家庭科を担当する教職員が11人もいる職場であった。先輩の先生方からは厳しく指導して頂き、そのお陰で今日の自分があることを折に触れて実感しているが、特に当時の家庭科の代表であった先生には大変お世話になった。普段は大らかな人柄で細かいことは気にしないタイプのようであったが、彼女が退任した直後に急速に職場環境が悪化したことによって、彼女が人知れず教職員や生徒たちを様々な側面からサポートしてくれていたことに気づき、学校という組織の中で教職員間の関係構築等の職場環境を整えることの重要性を痛感した。私はこれらの経験を通して教職員や生徒に対する組織開発の必要性を感じていたところにリーダーシップ教育に出会い、その可能性に魅せられた。リーダーシップに関する様々な講座を受講す

ることで学校以外の方々との交流も深まり、学校以外の世界にも目を向けるき
っかけとなった。

　リーダーシップの学びを深めていくうちに、当初は生徒を対象として授業内
でリーダーシップ教育を実践していたが、学校組織も含めた形でリーダーシッ
プ教育を実践したいという思いが強くなり、新設一年目である高校に異動する
ことになった。学校を創っていくことに参画することに対して期待に胸を膨ら
ませていたが、コロナ禍ということもあり平常の授業運営さえままならない状
態に焦りを感じると同時に、新設校特有の仕事量の多さとコロナ対応で激務と
なり授業準備にさえ満足に手を付けられない状況となってしまった。当初抱い
ていた希望は打ち砕かれ、退職を決意することになった。

みらい家庭科ラボ誕生

　仕事を辞めてはみたものの、何をやったら良いのかわからない日々が始まっ
た。最初のうちは、「毎日日曜日」状態を満喫していたのだが、次第にその状
態にも飽きるようになり、教師以外の仕事に就いてはみたものの長続きはせ
ず、この先の自分の人生をどう生きていくのかという漠然とした恐れを抱えな
がら悶々とする日々が続いていた。

　そんな折、ある教育研究所の代表の方から教師対象の研修の登壇者としてお
声がけを頂き、家庭科の先生向けに授業実践をお伝えする機会を得ることにな
った。仕事を辞めてからは「家庭科」に関することにはあえて触れないように
してきたが、違う立場から「家庭科」に触れ、新たな視点を得ることによって
「家庭科」の可能性を再認識した。また、研修で共に登壇した元灘中学高校の
家庭科教師であった布村さんと出会い、意気投合したことによって「みらい家
庭科ラボ」が誕生することになった。

　ラボのロゴのデザインは「大きな木」をモチーフにしたものである。大きな
木に寄りかかれる場、先生自身が職場等で大木のような存在になれるように力
をつけられる場、木の下で寛げる場になること等をイメージしてデザインし
た。ラボ設立に込めた願いは、家庭科の魅力を一人でも多くの人に伝えたいと
いう思いと、一生懸命に頑張っている家庭科の先生のお役に立ちたいという思
いである。ゆくゆくは家庭科の先生だけではなく、大人たちの学びの場に発展
していくことを目指していきたい。また、現在の学校においてはカリキュラム
マネジメントの考え方が本格的に導入されているが、家庭科がこれまで行って

きた生活に根差した体験的学びや探究的学びは、他教科での学びを束ねる扇子の蟹の目（要のこと）の役割を担うことができると考えている。家庭科には、学校におけるカリキュラムマネジメントの要の役割を担える力があることを、他教科の先生や社会にも発信していきたい。

授業の楽しさの再認識

　教師の仕事を辞めてから1年2か月が経とうとしている。今年度は、個人事業主として独立し、大学や高校でのリーダーシップ教育と高校での家庭科の授業で講師等として働きながら、個人向けにコーチングを提供している。都立高校を辞めた時には二度と教師の仕事に戻らないつもりでいたが、教師の仕事から離れてみると「授業がやりたくなる自分」に気がつき、身体の内側から湧き起こる「授業がしたい」という気持ちを尊重し、教育の仕事を始めることにした。

　今年度は「私立中高一貫校（男子校）でのリーダーシップ教育授業（正規の授業）での現役経営者とのチームティーチング」「都立中高一貫校での家庭科の非常勤講師」「大学でのリーダーシップ科目（必修授業）での非常勤講師」「大学でのリーダーシップ授業の事務局」「大学での家庭科教育に関する非常勤講師」として教育に関わっている。違う場所・違う立場で教育に関わることで様々な視点を得ることができ、教育の可能性をこれまで以上に感じている。また、大学教育に関わることは初めてだったので、自分にその役目が果たせるのか等、戸惑いが大きかったが、授業に関しては高校での教師経験が生かせることがわかり、自信を持って取り組むことができている。そして、これらの仕事に携わることで気づいたことは「授業は楽しい」ということである。これは教師の仕事を一度辞めたからこそ再認識できたことでもある。

　私は母親や祖父が教師であり、家系としても教師を仕事としていた人が多い。子どもの頃は母親が仕事で忙しく家に不在なことが多かったので、いつも寂しい気持ちを抱えていた記憶がある。また、母親が必死に仕事をする姿を見てきており、教師の仕事がどれだけ大変であるのかを体感していたこともあり、教師にだけはならないと心に決めていた。しかしながら、何かのご縁で教師生活をスタートすることになり、始めてみるといつの間にか仕事にどっぷり

とハマっていた。今、振り返ると、自分の成育環境が教師である自分に大きく影響を与えていることがわかり、仕事を辞めてもなお教育に関わり続ける理由の一つでもあろう。

「みらい」に向かって

　今、50歳。これから「みらい」に向かって何に対して自分の人生を使っていくのかは大きな命題であるが、これから取り組みたいと考えていることを2点お伝えしたい。

　1点目はコミュニティ創りである。共に学び合って成長していけるようなコミュニティを創り、メンバーそれぞれの可能性を高め合っていきたい。具体的には、まずは家庭科の先生向けのオンラインコミュニティ創りから始め、生活全般に関するマネジメントの視点からコミュニティを広げていき、コミュニティに属する先生たちが関わった生徒たちが社会人となって困った時にアクセスできる場も併設し、学校と社会を繋げたり、循環させる機能を担いたいと考えている。

　2点目はリーダーシップ教育の普及活動である。学生がリーダーシップ教育を受けることによって大きく変容していく姿を目の当たりにしている。これは偏差値等に関係なく多くの学生に有効であるものと感じており、研修会等を実施する等の活動を行っていきたい。

　公立高校の教師という立場から離れて、見えなかったものが見えるようになり、できなかったことができるようになった。また、教師に戻る日も来るかもしれないが、これからも様々な経験を積み自己更新を重ねながら自分自身が豊かに生きることを通して、自分の在り方そのものが誰かのお役に立てる存在となっていきたい。

みらい家庭科ラボホームページ

https://yume-senshin.site/

きむら・ゆみ　家庭科教師歴27年。現職時代は東京都教育委員会設定教科「人間と社会」の開発委員やNHK高校講座「家庭総合」の監修に関わる。現在は、ラボの運営の他に、大学等でのリーダーシップ教育、家庭科教育指導、コーチング等を行っている

とびラー・コラボレーションホールド!!
卒展でとびらをひらこう

海上尚美

北九州工業高等専門学校
生産デザイン工学科一般科目（社会）准教授

あなたもわたしも銀河ちゃん

　いつともなしに、生徒たちを心の中で「銀河ちゃん」と呼んでいる。ちょうど「銀河系軍団」という呼称が流行っていた頃、私も教員になって間もなくて、生徒の言動にひょえぇ……と日々驚いていた。「銀河系軍団、ここにもいるじゃん」と思った。不測の事態には慣れたつもりでいても、なお、学校に関わる子どもや大人の繰り広げる新しい状況やキャラクターが、次々投入、展開されていく教員生活で、「ああ、やっぱり宇宙は膨張してるんだ……」と感じた。大きな宇宙の、小さな地球の小さな国の小さな学校にこれだけ多彩な人が来るんだったら、それはもうそういうことなのである。科学的根拠に何ら自信はないが、そう思うことで覚悟めいたものが肚のうちに結晶化した。

　教員として経験を重ねていくうちに私の中の結晶は柔らかく成長し、すごいことも困ったこともひっくるめて、「もう出会う人みんな銀河系軍団だなぁ」という鷹揚さが育まれた。生徒たちの持つキラキラしたもの、底知れないもの、この先に広がる可能性があいまって、「生徒たち」は「銀河ちゃん」として、どんな学校でも私の人生に驚きと彩りと学ぶ機会を絶えず提供してくれる存在となった。そのネーミングには、長くG組の担任をしていたことも、おそらくある。GはGalaxyのGだと思えば、ホームルームもちょっとした冒険である。銀河ちゃんたちとミュージアムにお出かけし、みんなで驚き楽しむことも、私の授業の柱となった。銀河ちゃんたち、ありがとう。

銀河のメッセンジャー

　2020年4月、東京都立総合芸術高校（以下、総芸）に異動した。コロナ禍での「新しい生活様式」は、私にとっては14年に及ぶ夜の学校ライフから、初任校以来の全日制で朝からのお勤めへの変化で、別の銀河系へのワープに似て

いた。勤務時間だけでなく、美術科・舞台表現科・音楽科の三つの学科を擁する専門高校は、今までに経験してきたちょっと普通じゃない普通科とも違っていた。総芸へ異動してから、私がアートコミュニケータ（愛称：とびラー）として活動していた「とびらプロジェクト」*1のスタッフから「とびラーの人がそこで非常勤講師をしているよ」と聞いた。

　とびラーは、美術館の活動の単なるサポーターではなく、「する／される」という関係性をこえて子どもや大人と新しい価値観を育んでいくことを大切にする、プレイヤーである。そこに一般的な美術館ボランティアとの違いがある。

　美術科デザイン専攻で講師をしていた９期とびラー・安部田そらのさんと出会い、「何か一緒にやれることがあったらいいですね」といつかを期して３年目。美術科では例年12月に卒業制作展を行う。担任年次の美術科３年次生81名が、総芸での学びの集大成として制作した作品を展示する。会場の東京都美術館（以下「都美」）はとびラーのホームグラウンドである。私たちがコラボレーション技を放つとしたら、時と場所はここしかないだろう。

　新型コロナと共に銀河ちゃんたちの高校生活は終盤を迎え、卒業制作の作品提出が迫った頃、安部田さんと一緒にとびラーと総芸卒業制作展とのコラボ作戦を練り、以下のようなプログラムとした。学校・都美との調整も各々分担し、打ち合わせを重ね、以下のようなプログラムをつくった。

とびラーと観よう！〜総芸卒展2022〜
（東京都設定科目「人間と社会」*2体験活動補講として実施し、希望者が参加）

〈目的〉

1　美術と社会の関わりについてとびラーと考える
2　一表現者としての本校生徒に鑑賞者としての視座を養う機会をつくる
3　とびラーとの対話や鑑賞を通じ、「作品を創る」だけではない芸術への新たな関わり方を知る
4　自分の表現へのフィードバックを受ける経験から、自分と他者・社会とのつながりを感じる

〈対面プログラム概要〉　参加人数　生徒13名　とびラー8名

・とびラーとの顔合わせ・アイスブレイク（写真1）
・展示室で事前に決めた作品を各自で鑑賞　→スマホで撮影（写真2）
・別室で作品写真を投影して対話型鑑賞を行う（写真3）

〈SNSを用いた生徒ととびラーとの交流〉

・とびラーが卒展を見た感想をとびラー専用の掲示板で共有（写真4）
　→生徒たちに伝える　→生徒たちの感想をとびラーに伝える

写真1　とびラーって？

写真2　展示室で作品選び

写真3　画面で共有しての対話型鑑賞

　　当日の私は、（とびラーマインドを湛えた）引率教員として、銀河ちゃんたちを見守り、学校行事としての卒業制作展見学とを行き来する使者であった。事後の私は、とびラーの感想を受け取り、それを銀河ちゃんたちに伝え、彼らの反応をとびラーに伝える使者であった。メッセンジャーに徹することが、教員としての私のメッセージである。

　　銀河ちゃんたちととびラーの出会いは、想像していたよりもずっと面白いものになった。対話型鑑賞では様々な作品をみんなで観るが、作者の声が鑑賞の場に届くことは稀有である。また、銀河ちゃんたちにとっても、友人や家族、教員など日常的に接する人以外から直接作品への感想を聴く機会も得難いものだったはずである。私はそういう機会を彼らに贈りたかった。

　　当日参加した銀河ちゃんたちの言葉である。

〈自分が作者という立場からお話しできたことがすごい貴重な体験となって、私の宝物の記憶になっています〉〈自分の分身ともいえる作品集を"あたたかい"と言っていただけたのは一生の思い出です〉〈「観てくれた人が温かい気持ちになるような作品」にすることを一番大切にして描いてきたので、とびラーのみなさんが「優しい感じがする」というような言葉をたくさんくださり、自分の思いが伝わったことがすごくうれしかったです〉

時空をこえて

　　一方で、対面プログラムに参加していないとびラーも、総芸の卒展には好意的な関心を抱き、多くの方が展示室に足を運んでくれた。とびラー専用の掲示板には、作品写真に豊かな言葉を添えた投稿がたくさん届いた。

　　ここでの面白さは、時間と空間を超えてのとびラー同士、とびラーと銀河ちゃんたちのコミュニケーションの創出である。対面での鑑賞で作者の意図を知り、作品に再度会いに行く。誰かのコメントに触発されて想像が広がる。掲示

*1　美術館を拠点にアートを介してコミュニティを育むソーシャルデザインプロジェクト
*2　東京都の定めた人間としての在り方・生き方に関する学校設定教科

板を観て、展示に行ってみたくなる。生徒の個人情報に配慮いただき、キャプションを省いて作品画像と感想を共有し、安部田さんが端的なコメントで、そっとやり取りを促してくれた。コメントを投稿してくれたとびラーは、20名ほどだろうか。

掲示板のスクリーンショットを作者の銀河ちゃんたちに見せて、どう思ったのかを聞いてみた。その反応は、安部田さんを通じてとびラーに届けた。

〈（とびラーが思い描いた）ド・スタールはずっと参照している作家なので、関連していると気づいてもらえてうれしいです〉〈まさに私が描きたかったことが伝わっていて嬉しさを感じつつ少し複雑でもありました。それは自分の力不足故だと思っています。感想をいただけなかったら、こうして私自身も作品を通して様々なことを考えたり思ったりすることはできなかったように思うのでみてもらうことの大切さを改めて知れました〉

その場を共有するからこそ、伝わるものがある。その場にいなくても、作品を通じて生まれるコミュニケーションがある。私はその様子をじっと見つめる。

とびラーは卒業制作展のインパクトをこのように語った。

〈会場に入ってまず驚いたことは、その一点一点の作品がとても大きなことでした。想像するに、画面が大きくなるということは、それだけ対象をよく見て観察し、そして密度をあげて描かなくてはならないはずです〉〈会場に足を踏み入れてすぐに、大人の公募展とは違う！ 空気を感じました。ものが育っていくときのすごいエネルギー＆キラキラを感じたのです〉

「高校生とは思えない」けど「高校生だからこそつくれる」作品制作と展示の場をつくり、活動を支えてくださったすべての皆様に感謝する。

安部田さんは３年間のとびラーの任期を終え、私は３年間担任した銀河ちゃんたちと同時に都立高校の教員を卒業し、奇しくも二人とも福岡に活動拠点を移すことになった。次のコラボレーションホールドが放たれるのも、そう遠くはなさそうである。

写真4　掲示板でもコミュニケーション

うなかみ・なおみ　「高校って何するところ？」をずっと考えていたら、高校じゃないところにきてしまった高専教員。国立歴史民俗博物館博学連携研究員やとびラーを経験し、博物館を楽しむ。／ワークショップデザイナー／社会教育士

学校外の場づくりから見える安心できる場所

荒井佑介

特定非営利活動法人サンカクシャ 代表理事

　私は、15歳から25歳くらいまでの、学校や社会に馴染めない、親を頼れない若者をサポートするNPOを運営しています。具体的には居場所づくりや仕事のサポート、住まいのサポートを行っています。活動の特性上、学校に苦手意識がある若者が多く、あまり学校と関わることはないので、何を書こうか悩みましたが、この立場だからこそ見える、学校や学校外の場について思うことを書こうと思います。

　まず、私たちの場に来る若者たちの話をします。ほとんどの若者が、家庭で親との関係がうまくいかず、暴力を受けることやネグレクト、過干渉などなど家庭内で傷ついている背景を持ちます。このような家庭環境で学校に通い、学校に救われる子もいますが、多くは学校でも躓いてしまい、学校でも傷ついた経験を持っています。

　家庭と学校という、子ども・若者が生きる世界において、大きな2つのコミュニティで傷ついた経験をしてしまうと、基本的な人に対する信頼や、生きていく意欲や自信というものが削がれてしまい、働くことが難しくなったり、生きていくことに諦めを持ってしまいます。私は、このような若者たちと毎日接しています。

　そのような彼らが、いかに安心できる人や場と出会い、さまざまな人に囲まれながら生きていく意欲を取り戻していくか、そのような課題に日々向き合っています。簡単に書いていますが、若者たちが十数年過酷な環境で生き抜いて培ってきた価値観を変えていくのは相当な労力が必要です。

　私たちの日々の試行錯誤や失敗、葛藤から見えてきた安心できる関係づくり、場づくりについて、まとめていこうと思います。

安心できる人とは

　私たちは、どのような人に安心感を抱くのでしょうか。特に、人に対して心をひらけない若者や自信や意欲がない若者が、人に安心感を抱くことは並大抵のことではありません。

　まず、子ども・若者と私たちには、支援する・される、教える・教えられる、といった関係、立場などに差があります。この立場の差というものは非常に大きく、自信がない子ども・若者や意欲がない子ども・若者には、時として暴力のようにうつります。私たちが何気なく過ごしているだけでも、子ども・若者たちは、大人をちゃんとしている大人と思い、それに比べて、自分はダメな存在だと傷つくこともあります。

　子ども・若者たちが思うように、私たちはちゃんとした大人なのだろうかと私は思います。私たちだって、寝坊してしまうことや、働きたくないなぁと思う日やお酒を飲んで潰れることだってあるでしょう。ある種、そうしたダメな部分を隠して、ちゃんとしている大人を装う能力の高い人が大人なのかもしれません。

　このような大人の虚像を見て、自分はダメだと思い込み、子ども・若者たちは自信を失っていく側面もあるのかもしれません。

　私は、自分たちが運営する居場所にいる時、率先してダメな部分を曝け出します。例えば、居場所で普通に寝ていたり、寝坊したり、ちょっと仕事をサボっていたり、そのような部分を曝け出すことで、「この人大丈夫？」とか、「こんな人いるんだ」という印象を抱かれます。

　しかし、こうした印象が実は安心感を生むのかもしれないと思っています。大人ってたいしたことないんだなとか、大人もあまり変わらないんだなと思われることで、心理的な距離が近づき、親近感が湧き、この人にだったら話してみようとか、この人に悩んでいることを相談してみようとなるのです。もちろん、ダメな部分だけでなく、彼らの話をしっかりと聞き、力になること、これらが合わさって良い支援ができるのだと思います。

　私たちは、子ども・若者から相談をもらい、彼らの抱えている課題を解決する仕事をしているので、この在り方でいいように思います。そして、学校でもなく、行政の支援でもなく、民間の活動なので、この在り方が許されているようにも感じます。

学校外から見える学校の在り方

　次に、こうした学校外の活動、立場、在り方から見える学校の話をします。

　学校は、多くのことを担いすぎていると感じます。学校は家庭の代わりの役割を担うこともあれば、勉強を教える場でもあり、福祉の機能を担う場にもなってしまっています。保護者や教育委員会、地域の大人などさまざまなステークホルダーに囲まれ、子どもたちを預かる責任も負っています。このような環境の中で、先ほど述べたようなダメな部分を曝け出す、等身大の関わりは厳しいのではないかと思います。

　私は、自分の今の立場や実践を、ずるいと思ってしまいます。学校にしっかりとした部分を押し付け、学外だから子ども・若者に寄り添った、ある意味適当な存在でいられるのだと思います。このずるさを、私は違和感として持っています。私が活動を始めた十数年前は、ここまで学外の活動や民間の活動がなかったのですが、今は民間の活動も大事、学外の活動も大事だと持て囃されます。その一方で、学校や行政にはますますちゃんとしなければという圧がかかっています。このアンバランスさを私は乗り越えるべきだと思っています。

　この辺りに、学校と、学校外の取り組みが手を取り合う部分があります。

学校と学校外の場の連携

　以前、不登校の子と学校の先生と、学校で面談をしたことがあります。帰り際に、先生や校長先生と話す機会があり、不登校の生徒が増えていることをどうにかしたいという話がでました。学校の先生たちはものすごく悩んでいて、苦しそうだった、そのような印象を持っています。

　その気持ちを持つ一方で、もっと頼ってほしい、学校側がSOSを出してほしい、そのように思いました。学校だけで解決しなくていいじゃないか、私たちだって手を貸したいし、地域にそう思う大人はもっと多いはず、そう思いました。

　そこから、学校があらゆるものを担っていて、色々な人から厳しい目を向けられ、そして誰にも頼れなくなっている、そのように感じました。学校が子どもたち、若者たちにとって安心できる場であるためには、学校側を孤立させてはいけないのではないかと、学外で民間の活動をしている立場から、生意気に

も思いました。

　子どもたち、若者たちに、安心できる場を届けたい、そう思った時に、まずは大人側の私たちが安心できる場を持っているかが大事になります。安心できる場とは、良い部分もダメな部分も、ありのままの自分を曝け出し、かつ受け止めてくれる人がいる場があることなのではないかと思います。

　そうした場が、大人たち側になさすぎる。

　立場を超えて、お互いに悩んでいること、葛藤していること、困っていること、弱いところ、色々なものを曝け出し、受け止め合える関係を、立場を超えてつくれないものか、そのように感じます。

　大人側が安心することができたら、それが回り回って、子どもたち、若者たちの安心な場につながるのではないでしょうか。

　人間は弱い生き物です。もっとその弱さを出していけばいいと思います。弱さを出すから、助け合えるし、人はつながっていける。ちゃんとしないといけないという正義感や正しさみたいなものから降りて、人間らしく皆がいられるようになれば、安心できる場が広がっていくのではないでしょうか。

特定非営利活動法人サンカクシャ

https://www.sankakusha.or.jp/

あらい・ゆうすけ　1989年生まれ。15年前より、ホームレス支援や子どもの貧困問題に関わり始める。生活保護世帯の中学生の学習支援に長く関わっていたが、高校進学後に、中退、妊娠出産、進路、就職で躓く子たちを多く見たことから、サンカクシャを設立。

「インクルーシブな学校」とはどういう場か

野口晃菜

一般社団法人UNIVA 理事 博士（障害科学）

1. インクルーシブ教育とは

　「インクルーシブ教育」という言葉は、「障害のある子どもとない子どもが共に教育を受けること」と定義されていることが多いが、UNESCOはより広義な定義をしている。私はUNESCOの2005年の定義を参考にし、インクルーシブ教育を「多様な子どもがいることを前提とし、その多様な子どもたちが地域で教育を受ける権利を保障するために教育システムを変革するプロセス」であると定義している。特に公立の学校には、障害、家庭環境、性自認、性的指向、国籍、言語など多様な属性の子どもたちがいる。しかし、今の学校は、マジョリティが中心になっており、マイノリティである子どもたちがいることは考慮されていない。その結果、マジョリティの子どもにとっては当たり前の権利が、マイノリティの子どもには保障されていない。

　例えば、学校では自らの生い立ちについて保護者にインタビューをするような取り組みがある。この取り組みは、虐待を受けている子どもがいるかもしれないことや、今一緒にいる家族は自分の生い立ちを知らない家族かもしれないことは考慮されていない。そのほかにも、例えば学校の施設は、車いすユーザーの子どもや視覚障害のある子どもが通うことが前提となっていないため、このような障害のある子どもは地域の学校に当たり前に通う権利をもつにもかかわらず、その権利が障害のない子どもと同じようには保障されていない。

　インクルーシブ教育においては、多様な子どもがただ「共にいる」のみでなく、今「いないこと」になってしまっている子どもたちが「いること」を前提として、学校経営の在り方、カリキュラムの内容などを変革していくことが必要である。そしてこのようなインクルーシブ教育は、社会そのものを多様な人がいることを前提としたつくりに変えていくこと、つまり排除のないインクルーシブな社会をつくることにつながる。

　本稿においては、「being」を大切にすることを踏まえて、私自身がインク

ルーシブ教育に取り組む背景やインクルーシブ教育に関する活動をする上での
自分の在り方について紹介したい。

2.　日常において当たり前に障害のある人がいるということ

　私は小学校6年生まで、埼玉の小学校に通っていた。その学校には特殊学級
（現在の特別支援学級にあたる）は設置されておらず、なんとなく書籍やテレビな
どで「障害のある人」が存在していることはわかっていたが、私の日常には障
害のある人はいなかった。

　小6の時に父の転勤により、家族全員でアメリカ・イリノイ州に引っ越しを
した。地域の公立学校に通いはじめ、同じクラスに車いすユーザーの子がいる
ことに驚いた。さらに隣のクラスには、身体障害と知的障害を併せ持つ子もい
た。その子は音声言語で話すことが難しく、表現をする時は「イエス」「ノー」
のスイッチをつかってコミュニケーションをとっていた。はじめは驚いたもの
の、いつのまにか2人がいることは私にとっての日常となった。そのほかにも、
「私はADHDで薬を飲んでいるんだ」とクラスで話しているクラスメイトも
いた。日本においても地域に障害のある子はいたはずなのに、なぜ自分はこれ
までの人生で出会ったことがなかったのか？と不思議に思った。今思うと、私
が日本で住んでいた地域では障害のある子どもは別の学校に行くことが当たり
前だったため、私の日常の生活の中に障害のある人は「いないこと」にされて
しまっていたのだ。

3.　自分自身のマイノリティとしての経験

　私は英語が全く話せない状態でアメリカに引っ越した。現地の学校に行った
初日は、給食のもらい方がわからなくて泣いたことを覚えている。少しずつア
メリカでの学校生活になれる中で、私は「アメリカ人になりたい」「なぜ自分
は日本人なんだ」と日本人である自分、そして日本語が第一言語である自分に
強く劣等感を抱くようになった。お昼ご飯を持参しなければならない日、私は
おにぎりなど日本食を持っていくことを拒否し、周りの多くの白人みたいに、
サンドイッチとフルーツを持っていっていた（本当は日本食が大好きで、家では日
本に住んでいる時と変わらずにみそ汁とごはんを朝ごはんに食べていた）。また、同じ学
校には私と同じように転勤をして日本語を話す人が数名いたが、英語が話せる

ようになってからは、日本人とも日本語ではなく英語で話すようになった。私にとって、英語は日本語より「上」で、日本人である私はアメリカ人よりも「下」だった。

その後、高校生の時に9.11のテロ事件があり、アメリカはすぐに報復宣言をした。それまで「アメリカ人になりたい」と思っていた私ははじめて「すぐに戦争をするのか」、とアメリカという国に不信感を抱いた。さらに、高校では9.11を境に、国旗に向かい胸に手をあてて「忠誠の誓い」を唱える時間をとるようになった。「忠誠の誓い」は小学校の時には毎日唱える時間があり、私は意味もわからず、周りと同じように唱えていた。しかし、高校になって英語の意味もわかるようになり、9.11の報復宣言のタイミングでアメリカという国に忠誠を誓うことに違和感をもち、周りの人が忠誠の誓いをしている中、自分は立たずに唱えなかった。はじめて周りとは違う行動をした。それまでは「アメリカ人になりたい」と思い、日本語も話さずアメリカ人のような行動をとっていたが、そこからは日本人とは日本語でコミュニケーションをとるようになり、「アメリカ人になりたい」という気持ちはなくなった。

今振り返ると、白人、そして英語が第一言語であることが主流であるアメリカという国で、日本人であり、日本語が第一言語である私は劣等感を「もたされていた」ことに気が付く。他のアメリカ人と共に同じ場で過ごしていたにも関わらず、私は常に劣等感をもち、マジョリティ（白人・英語が第一言語）と同じようにふるまっていたのは、学校そのものやアメリカという国の社会そのものが、白人と英語が第一言語の人を中心につくられていたからであろう。ただ共に同じ場にいるのみでは、差別や排除をなくすことはできない、ということを身をもって経験した。

4. 「インクルーシブ教育」に関わる自分の立場性

日本に住んでいた小6までは、差別をなくすためには、「思いやりをもてば良い」と思っていたが、どんなに個々人が「思いやり」をもっていたとしても、社会の構造が様々な属性がいることを前提としたつくりになっていないと、差別は起こり続けてしまう。日本では、障害のある人は障害のない人と別々の学校に通うことが前提となっていたので、私の日常の中には障害のある人は「いない」ことになってしまっていた。また、アメリカでは白人優位社会の影響を受け、私は日本人であることに劣等感をもたされてしまっていた。まずは自分

自身が社会の構造にどのような影響を受けているのかに気が付くこと、そして、構造そのものを変えていくためのアプローチをしていかないと、インクルーシブな社会をつくることは難しい。

　現在私は、たくさんの教育委員会や学校の様々な人たちと共にインクルーシブ教育の実現に向けた取り組みをしている。その際に、私自身が大切にしていることは、社会の構造の影響をどのように受けているのか、自分自身の今の社会における立場はどのような立場か、などを自覚すること、声の大きい人が何かを一方的に決めたり、多数決で決めたりするのではなく対話で決める、特にマイノリティ当事者の声をきくこと、先生一人ひとりの思いや力のみに依存するのではなく、構造そのものを変革していくための取り組みをすること、である。

　本来、学校は、属性に関わらず「誰もが対等な場」であるべきだ。一方で、ある属性にとっては有利で、ある属性にとっては不利な現在の社会構造の中では、残念ながら「誰もが対等な場」にはなりづらい。学校に関わる私を含む大人たちが、マイノリティがいることを前提に学校の構造を変えていくために取り組む姿勢を子どもたちに見せることそのものが、学校をよりインクルーシブで「誰もが対等な場」にしていくのではないだろうか。

のぐち・あきな　小6〜高3まででアメリカで過ごす。学校や企業をよりインクルーシブにするための取り組みをしている。著書に「差別のない社会をつくるインクルーシブ教育―誰のことばにも同じだけ価値がある」(学事出版) など。

参加者が自ら選択し、
学びの担い手になれる場を

竹田和広／武口翔吾
一般社団法人ウィルドア 共同代表理事

「willdoor」という名前に込めた願い

　「なんで日本の教育はこうなんだろう？」学校の外から教育に関わろうと志した人の多くは、こんな気持ちがキッカケになった人も多いんじゃないだろうか。御多分に漏れず、竹田、武口も、それぞれがその一人だった。

　「もっとロールモデルになれる社会人のことを知ることができる、自分のキャリアを考えられる機会があれば」。10年前、そんな気持ちで教育に携わってみて驚いたのは、学校内外にアツい思いを抱えて児童・生徒のために力を尽くす人たちが無数に居たことだ。この本に共に載っている方々も、この本を読んでくれている皆さんも、その一人だと思う。

　自分たちが創らなくても既に素晴らしいコンテンツは山ほどあった。それを知ってなお問題意識を持ったのは、届いて欲しい人たちに、そんな届くべき価値や情報が届いていないことだ。

　一人ひとりの意思や思い（will）の先に、それぞれに合った機会（door）に出会って欲しい。そんな思いで立ち上げたのが、一般社団法人ウィルドアである。

学びの場に対するこだわり

　この10年、たくさんの場をつくらせていただいてきた。その時間の中でオンラインツールを積極的に活用するようになったり、大勢のスタッフが居なくても学びの質を担保できるように工夫をしたりと、つくる場の形式や内容は大きく変わってきた。だが、場づくりとしてこだわってきたことは、ほとんど変わらなかった。それが以下に挙げる3点である。

①参加者が、自ら主体的に選ぶことができる
②参加者も、場づくりの重要な担い手である

③日常を非日常につなぎ、非日常で得たものを日常につなぐ

①参加者が、自ら主体的に選ぶことができる

　学校は「与えられる」空間だ。人間関係も、使う時間も、学ぶ内容も、そのほとんどが与えられてきたし、与えられたものをどれだけ上手くこなすかが、大きなルールとなっていることが多い。

　先生方は何十人という生徒を数人で導くのだから、それも当然だ。だからこそ私たちが意識してきたのは、いかに参加者が「自分で選択した」実感を持てる場をつくるかだ。

　なんとなく与えられたゴールを目指しレールに乗っているだけでは、大学選びや就職活動のような大きな分岐点でも、自信を持って自分の選択理由を語ることはできないだろう。好き・嫌い・楽しい・つまらない……。自分の中に判断する基準をつくっていくためには、とにかくたくさんの機会と出会い、自ら選び、決める体験が必要。自ら選ぶ体験や経験は、意識していなかった自分の軸を明らかにし、自ら多様な選択肢を評価し、決める力を高めてくれる。

　「選択できる機会」をデザインするには、場のゴールに向けてみんなが同じものに取り組むだけではない設計が必要になる。「自分がどう感じるか、考えるか」を軸に、授業内で行うカードゲームで何を選ぶかといった小さな選択から、取り組むワーク自体が変わる大きな選択まで、参加者が「選んだ」と感じられる機会をデザインしてきた。

　もちろん、自分で選択ができるようになるには慣れと経験、そして環境が必要だ。場のゴールを共有すること、グランドルールを設定すること、安心・安全な環境をつくること、場を楽しむイメージを共有すること、話すための「言い訳」を提供すること。その他、主体性が発露されやすい仕掛けづくりを磨いてきた。

　このようにテクニックも重要だが、何より大事なことは「参加者の主体性が表れる瞬間」を信じて待つことだ。はじめは「次に何を指示されるだろう」や「分からない部分は全て教えてもらえるだろう」と待ちの姿勢になってしまうことも多い。そんなときは、進行側が不安になってしまわないことだ。意図を適切に伝え、一人の人として信頼を伝えられていれば参加者は少しずつ自ら動き出してくれる。

②参加者も、場づくりの重要な担い手である

それでも数十人を目の前にすると、どうしても「自分が導かなければ」「間違いがあってはいけない」と構えがちになってしまうこともある。前項で述べたように、場がよく機能するよう導くのも進行者の重要な役割だが、それ以上に重視しているのは参加者と「共につくる」ことだ。

場から生まれるものは、事前に設計された内容と参加者一人ひとりの言葉や振る舞いによって決まっていく。どれだけ優れた技術を持っていても一人で責任を背負い込んでしまえば、前項のような「自身が選択した」感覚を参加者は得られなくなってしまうのである。そのためには、進行役は「自身も場を構成する参加者の一人だ」と認識することが大事だ。参加者が「自分たちがその場を一緒につくった」と体感できるために、設計と運用でそれぞれ仕掛けを意識している。

設計面では「余白」を、あえて用意する。プログラムというレールが敷かれすぎていると、どうしても機械的で予定調和な場が生まれてしまう。その時間のねらいや、芯に当たるコンテンツは定めつつ「遊び」を明確に用意することで進行役は参加者由来の逸脱を場に織り込んでいくことができる。

運用面では参加者の声を拾うことを意識している。行為としては一般的な回答の指名と大差ないかもしれないが、回答の後にはどんな小さな変化だとしても「あなたのお陰で変化したこと」を共有する。一人ひとりの声に場を変える力があること、場へのコミットが参加者みんなにとっての価値を増やしていくこと。そんな実感の積み重ねが、ただ場に居る人だった参加者を「場の担い手」に変えていく。場の担い手になる参加者が増えていけば進行役一人では到底実現できない学びに、参加者一人ひとりが自ら近づいていけるようになる。

③日常を非日常につなぎ、非日常で得たものを日常につなぐ

学びが真に自分のものとなり血肉となっていく瞬間は、自身が「選んだ実感」を持ち「一人の担い手として場をつくることができた」ときだろう。だが学校において「場に参加する」行為は、あまりにも当たり前すぎて認識しづらい。

だからこそ私たちのような「非日常」側の人間が、大きなことではなくても「あなたが居ることで変化することがあること」「あなたの選択で未来は変わること」の実感を手渡すことに価値があるのだと思う。

だが、私たちがいただく時間は生徒にとっては最初から非日常な訳ではない。日常の中の何気ない1日だ。そんな1日が生徒にとって特別な、自分を変

化させられる日になるためには、①「日常の中で培ってきたわたし」を承認した上で、②得た経験や感情の「日常への持ち帰り方」を自覚できるように促すことが大事だ。

「その場の特別性」を強く意識しすぎてしまうと、非日常の時間は何処にも接続しない浮いたものとなってしまう。非日常で出会う「わたし」は決してその場で突然発生するものではない。学校や家庭で日々育んできた時間があるからこその「今のわたし」と感じられるようにすることが、一人ひとりが場から得られるものを大きくする。

そして非日常の感情の高まりや発見は、放っておくとすぐに落ち着き霧散してしまう。だからこそ、どんなに小さくても「日常に帰った後の次の一歩」を言葉にしてもらう。日常の中で生徒自身が踏み出した一歩こそが、自身を歩み続けさせてくれるものになっていく。

「場に参加する学び」を更新していこう

最後に、ここで書かせてもらったことは、実はほとんどが5〜15歳以上も年下のスタッフや高校生自身から学ばせてもらってきたことだ。

たくさんの高校生たちが私たちの想像を超えて自らの選択の幅を広げ、学びを楽しむ姿を見せてくれた。私が「そんなに生徒に任せて大丈夫なの?」と不安にかられたときにも、結果で「大丈夫だ」と示してきてくれた。

自分の頭だけで考えられることには限界があるし、生徒を含め関わる人たちを信じられればその信頼は期待を超える形で返ってくる。場づくりと同様、一団体で責任を抱え込まず、これからも多くの教育の担い手の皆さんと共に、これからの学びの在り方をつくっていきたい。

一般社団法人ウィルドア

https://willdoor.org/

たけだ・かずひろ／たけぐち・しょうご　2015年法人設立。学校向けにキャリア教育や探究学習の支援を行うと共に、マイプロジェクト長野県事務局・MAKERS U18・willdoorCompass等の社会教育領域の拡充も目指す。竹田は第12期東京都生涯学習審議会委員。

若い世代が、素敵な大人になれる
舞台をつくりたい

長谷川篤司

認定NPO法人アークシップ 代表

音楽イベント企画を通してワクワクする明日をつくりたい

　「この先の未来が良くなって欲しい」。でも、顕在化されているだけでもすでに様々な課題や問題が山積みされている。この先の日本は大丈夫なのだろうか？　毎日のように流れるネガティブなニュースや情報を聞いて、若い世代が今の日本に夢や希望を持てるのか……、さらに加えてこの数年間、若い世代に過剰な制限をかけてしまった。

　こんなことを思いながら、自分ができる範囲で少しでも何かしたいと、NPO法人アークシップとして様々な音楽企画を行っています。創立は2002年、「音楽でこの街とあの人をもっとハッピーにしたい!!」をスローガンにスタートしました。そして、これからの日本を担う若い世代に直接何かできることはないかと考え、2011年から大学生インターンの受け入れを始め、3年前からは10代が中心の音楽イベントを企画し、「学校では伝えられないこと、できないこと」を通して、若い世代に向けて「人生の選択肢」が増えるきっかけづくりを行っています。

　なぜこのような考えに至ったのか、その理由と具体的に行っていることをお伝えします。

大人と話し、いろんな人生・生き方・価値観を知ることの重要性

　「転勤したくない、ネクタイしたくない、頭下げたくない、だから社会人にはならない、俺はビッグになるんだ」と、大学卒業後にプロになって売れることを目指してバンド活動をスタート。なんと浅はかな若者……、もしもタイムマシーンがあったら、大学時代に戻り自分自身に説教したくなります。ガラガ

ラのライブハウスでの演奏、オーディションは落選続き、貧乏な一人暮らし生活、他人をあまり信用できず、「就職しないの?」と問われることに苛立ち、全ての原因を社会のせい、人のせいにしながら過ごした20代中盤はつらい日々でした。

　26歳の時、当時働いていた楽器屋に訪れるサラリーマンのお客さんと親しくなり「ローリングストーンズのコピーバンドに入ってくれない?」と誘われたことがきっかけで人生が変わりました。誘われた時は「親父達とバンドやってもなぁ……」と思いつつ、時間もあったので入ってみると、平日働き週末に歌い、演奏するその姿は本当に楽しそうで、高校生の時、初めてバンドで音を合わせた時の感動を呼び起こしてくれました。そして、仕事にも本気で取り組む先輩達を格好良く感じると同時に自分が恥ずかしくなりました。

　これをきっかけに、売れる、売れないに関係なく、音楽を楽しむ人が増えたらいいなと願い、NPO法人アークシップをその先輩達と設立し、今に至ります。

　今となっては良い経験ですが、大学卒業後、ずいぶんと長い寄り道をしてしまった大きな理由は「学生時代、学外で大人と話す機会がほとんどなく、働くことの楽しさ・厳しさ、人生の楽しみ方を知らない」ことだったと思います。

　「自分は人生で何をしたいのか」「自分が働く上で何を一番重要視したいのか」「どんな職種があり、どのように働くのか」など、具体的な行動につながることだけでなく「人生の価値観」みたいな話を多く聞き、「生き方の選択肢」は多様であることを若い世代が知ることは重要だと思います。

　「無知の知」、自分が何を知らないのかを知ることで、次のステップに進めるはずです。その上で情報を得ることで自分らしい選択がしやすくなる。そんな機会になって欲しいとアークシップではインターンシッププログラムを行っています。「大人と話す」機会を創り、「いろいろな仕事・生き方・価値観」を知る機会を創り、社会に巣立つための手助けができればと思います。

コロナ禍で過度な制限をかけてしまったことへの贖罪

　いろんな事情は察しますが、この3年間ほど、これほどまでに世の中に制限をかける必要があったのでしょうか? 　大人が過ごす1年と学生が過ごす1年は、その輝きも密度が違う。一言も口をきかずに食事することを求め、部活の対外試合を禁止し、修学旅行にも行かない。

「ジャネーの法則」はご存知でしょうか？　これは0歳から20歳までの20年と21歳から80歳までの60年が体感時間として同じという考えだそうです。その貴重な時間を若い世代から奪ってしまった我々大人の責任は重いと思います。

　僕は高校時代、部活を楽しみ、恋もして、友だちとくだらない話をしては笑ったり、一緒にカップラーメン食べたり、バンドを楽しんだりと、充実した日々でした。だから余計に若い世代に対して、この流れを止めることができず申し訳無いと感じていました。

　3年前、親友の高校生のお子さんが「しっかり対策するから文化祭を開催させて欲しい」と学校側に頼んだのですが、学校の答えはNO。やるリスクとやらないリスクを秤にかけたら、当然そうなります。

　それなら、NPO法人アークシップで会場を借りて開催したらどうだろう、学校単位ではなく個人で申し込みをしてもらえれば学校の干渉から逃れられると考え、高校生バンドのライブイベント「KT Zepp YOKOHAMA」をスタートしました。プロユースのホールで爆音で演奏するその快感と緊張、ステージに上がるまでの練習、学校で味わえなかった全ての体験機会を学外で創ることを目指しました。言うまでもありませんが、イベント開催にあたっては、参加バンドの練習段階から開催当日までコロナ対策を周知し、徹底しました。

　1981年から1998年にかけて横浜では、高校生を対象にしたバンドコンテスト、音楽の甲子園「YOKOHAMA HIGH SCHOOL HOT WAVE FESTVAL」が行われていました。決勝大会は横浜スタジアム。大きなステージで高校の後輩が演奏する姿をスタンドから見た感動と興奮は今でも鮮明に覚えています。運営も高校生ボランティアが行っており、様々な学校から集まった学生達が企画や広報も担当していました。

　この光景に少しでも近づけるように、10代のイベントをさらに盛り上げるように、アークシップもがんばります。

社会に出ることは楽しいと思う人を増やしたい

　大学生の考え方も時代と共に変化しています。リーマンショックやコロナ禍の就職難の時は「いかに就職するか」が彼らの話題の中心でしたが、今は「社会に出て何をしたいか？」を意識していることが会話から感じられます。

　僕は大学生の頃、「大人になりたくない、働きたくない」と思っていました。

でも、知らない誰かのためになるという仕事の本質に気がつくと、社会に出て活躍することは楽しいと感じられるはず。お金も大切、休みも大切、福利厚生も大切、でも、自分が誰かの役に立つことに喜びを感じながら働く人が増えたなら、きっとこの先の世の中は良くなると本気で思います。

まとめ——これからは教育に関わりたい

　最後に、このような発表の機会をいただけたことに感謝しております。

　音楽・イベントの分野ですが、若い世代のために横浜で活動していることを知って頂けたら幸いです。

　僕の将来の目標の一つは、「教育」に関わることです。変わったこと、尖ったことをすると、すぐに叩かれる今の世の中では、目立たないように無難な選択をする人が増えてしまうでしょう。

　教育にこれから関わりたいという者が何を言っているのかと思われるかもしれませんが、「他者と違うことを恐れず、自分の意見を持つ人」「チャレンジする人」が増えて欲しい。

　この先の未来を創る若い世代に向けて、これからもできる限りの応援をしていきたいと思います。一緒に進んでいきましょう。

認定 NPO 法人アークシップとは
一生音楽を続ける人が増えて欲しい、生演奏を楽しむ音楽ファンが増えて欲しい、スタッフが作業ではなく温度感をもって関わる、そんな願いを込めて 2002 年に活動を開始。普通に働く人の人生に少しでも彩りを添え、ステージに立つ緊張感と拍手をもらう快感を味わって欲しいと願い活動している。
15 年前から積極的に大学生インターンを受け入れ、社会に出る実践の場の提供を行うことに力を入れている。また、コロナ禍の影響で文化祭がなくなった高校生バンドマンに演奏機会をつくる企画も行う。代表の長谷川は、FM ヨコハマや NHK 横浜でのラジオパーソナリティも務める。

https://www.arcship.jp/

はせがわ・あつし　50 歳、1973 年生まれ。「音楽でたくさんのハッピーとワクワクする明日を創りたい」をスローガンに横浜で様々な音楽イベントの企画制作を 10 代〜70 代のボランティアと共に行っている

主権者教育の出前授業で
「楽しかった」と思ってもらうために

原田謙介

高校生向け副教材「私たちが拓く日本の未来」執筆者
NPO法人YouthCreate 初代代表理事

　教員ではない自分たちがどんな授業を作ることができるのか。授業の成果指標をどこにおくのか。外部講師として生徒に何を届けることができるのか。これらについて、考え、学び、NPO内で議論しながら、高校を中心に、全国のべ約100校の小中高で主権者教育の出前授業を行ってきた。授業の場が「楽しかった」と生徒が感じることを最優先に授業を作ってきた。その内容についてお伝えする。

　2016年夏の選挙権の18歳への引き下げを前に、2015年度から主権者教育の波が主に高校を中心に押し寄せた。その頃、私は、より若い世代へ負担が先送りされている状況を、当事者世代として変えていきたいと思い「若者と政治をつなぐ」をテーマに掲げたNPO法人を立ち上げその代表理事を務めていた。「政治を学ぶ」のではなく「政治に関わる」ための教育や仕組みがあまりにも少ない現状を変えていくために、全国各地でワークショップを行うなどの活動を続けており、同様の内容を学校内で行いたいと思ってはいた。しかし、行政（選挙管理委員会など）との連携以外ではほとんど学校に入ることはできていなかった。その理由としては、政治に関わる主権者教育は、政治的中立性堅持の観点から学校現場では非常に扱いにくいものであったことに加え、端的にいえば、私やNPOのことがそれほど知られていなかったからである。ところが、18歳選挙権の「解禁」を決める法案が国会で可決されると状況がガラッと変わった。学校での授業の依頼が殺到するようになったのだ。18歳選挙権の実施が決まり、文部科学省が主権者教育の推進を表明したことにより、学校が主権者教育を行わなければならなくなったこと、そして、文部科学省と総務省が一緒に作った主権者教育の副教材『私たちが拓く日本の未来』の執筆者に私が選出されて、私自身が一定の認知度を得たこと、その結果、まさに青天の霹靂、3年間でのべ約100校の学校で授業をさせていただいた。

「楽しかった」と思ってもらうことを最大の成果指標にすることに

　私が、外部講師として行う授業のテーマは政治・選挙、模擬選挙、公園づくりや地域を考えるワークショップ、地方議員を招く授業など内容は様々ある。また、形式も様々で、通常授業の１コマとして教室で行うものもあれば、学年全体100人以上を対象に体育館で行うものもある。

　どの授業においても、私が一番意識していたのは「楽しかった」と生徒に思ってもらえる時間とすること。「よくわからん」「大事だけど、難しそう」「かたい」。このようなイメージを政治に対して持っている人が多いと感じている。政治は大事だ。一方で大事なことだからといっても誰もが関心を持ってくれるわけではない。となるとやっぱり外部講師としては、「なんか政治のあの授業面白かったね」という思いを生徒のみなさんに持ってもらうことがきっかけとして大事だと考える。そうすることで普段の授業で政治の単元を学ぶことに対して前向きになり、政治のニュースに今までよりも少し関心を持ってもらえる。目標としている、主権者として政治に関わる人が増えることにもつながる。

　もちろん、「楽しかった」という感想だけではなく主権者教育の授業として伝えたいこともしっかり伝える。簡単に授業の３つのポイントをお伝えする。

　１つ目は「自分ごと」。自分の生活や暮らす地域と政治のつながりを感じてもらうこと。例えば社会保障制度の改革の話よりも、生徒が普段使う駅前の再開発の話の方が、自分ごとの話として受け止めやすい。「駅前の駐輪場の位置がどうなるのか」「新しい駅にコンビニは作られるのか」。こういう話が実は政治（行政）によって決まっているということを伝え、政治を身近なものだと感じてもらう。こうすることで駅の再開発のニュースを目にし、実際に工事がスタートしたときに、「あ、これも政治だ」と思い出してもらいたい。

　２つ目は「多様な視点の発見」。そのために必要なグループワークや、講師の私との対話の時間も大事にすること。同級生なのに考え方や着目点が全く違うということを感じてもらう。例えば模擬選挙において３人の候補者から１人を選ぶという設定の場合、得票が１人の候補に集中しないよう、分散することを狙った候補者情報を作る。そのことによって、自分の考えが世の中の当たり前では必ずしもないことを知ってもらう。さらに、投票の決め手や各候補の評価について、生徒同士で話すことで、社会のことを話すと新しい発見があるという経験を促す。グループワークの中で"自分"の意見を言うことが難しいようなときは、架空の人物になりきって考えてもらうこともある。

3つ目は「政治・社会に関わること」。主権者教育で取り扱う政治や社会は生活に直接関わることでありまた自分が関わることができることだ。といっても選挙での自分の1票では何も変わらないと思う気持ちもわかるし、中・高校生ともなれば少子高齢化の今、数の少ない若者の意見は通りにくいと感じる生徒も多い。しかし、そういうことばかりではないことを伝えていく。公園づくりワークショップで、意見が対立するときに、多数決で決めるのではなく、子どもの意見が尊重されることもあると経験する。実際に、国内や世界で、高校生の声で街の制度が変わった事例を伝える。

生徒に授業に関心を持ってもらうための準備

　この3つのポイントを生徒に伝える場を作るために試行錯誤をしてきた。
　「政治」というテーマは生徒にとって実は、目新しいものではない。何かしらイメージがあり、そしてそのイメージはワクワクするものではないというのが一般的だ。ワクワクしないテーマの授業に関心を持ってもらうために行っていることは以下の4つだ。
　1つ目は授業の担当の先生を知っておくこと。授業日時や配布資料の有無などの形式的なやり取りだけではない、もう少し突っ込んだやり取りを事前に行う。例えば、私に授業を依頼くださった経緯や、主権者教育への先生自身の想いなどだ。または、関心があり担当になったのか、たまたまその役回りが回ってきたのかなどから、先生の主権者教育への関心・意欲も探らせてもらう。
　2つ目はクラスや生徒のことを知ること。クラスの雰囲気や元気な部活、あるいは普段の探究活動や修学旅行の行き先など生徒の日常を教えてもらう。
　この事前のヒアリングから、授業内で具体例を出すときに、どんなニュースを扱うか、自己紹介でどういった話をするか、カスタマイズできる。修学旅行で、北海道に行ったのなら、北海道に関する政治のネタに触れる。普段の授業でごみ問題を扱っているのであれば、海外の環境問題への取り組みを伝える。
　3つ目は、授業当日学校に着いてから授業が始まるまでの過ごし方。私は、授業のチャイムが鳴る前から教室なり、体育館なりに入るようにしている。授業が始まってからゲストとして紹介されると、どうしても生徒との距離を感じてしまう。授業の前から生徒と同じ場に入ることで、目があった生徒と少し話をし、聞こえてくる休み時間の会話の内容を授業の中に取り込むことができる。
　4つ目は自分自身の見せ方。何を話すかも大事だが、誰が話すかによって受

け手の反応も変わってくる。授業の最初の自己紹介のときに、生徒に笑ってもらえるようなエピソードを話し、場を和らげる。自己紹介をクイズ形式にしてノリが良いと事前に聞いた生徒に答えてもらうのもあり。また、若者と政治をつなぐ活動している理由もしっかり伝える。そして、授業の最後には、私自身も傍観者ではなく、社会のより良い未来を本気で作ろうとしている当事者であると伝え、生徒のみなさんも同じく当事者であると伝える。といっても、自己紹介で想定外にスベリまくり、場が和む前に熱く語りすぎて空回りすることもある。ちなみに、滑り倒れそうなときに、担当の先生が笑ってくれて生徒もつられて笑って難を逃れることも多々ある。いずれにせよ、生徒が「この原田さんは何を話すんだろう?」と聞く気持ちになってもらうための自分の見せ方が大事だ。

生徒の日常と、先生の想いに寄り添った授業を行うこと

　あらためて出前授業の経験を振り返ると、学校での授業には、「強制力」があることがわかる。あえて「強制」という言葉を使っているが、それは、魅力にもなり、困難さにもつながっている。

　生徒は否応なく私の授業を受けなければならない。その授業には、様々な生徒がいて政治への知識や関心の幅も広い。クラスの雰囲気も違う。グループワークのメンバーの相性によっても、生徒の様子は変わってくる。そもそも、私の授業を受けたいと思っていない生徒も少なくない。

　希望して参加者が集まってくる一般のイベントとは、ここが大きく違う。私が大事だと思っていることでも、「大事だよ〜」と言うだけではなかなか伝わらない。こうしたことは頭ではわかっていても、なかなか体感できない。そして、この「雑多な」集団に対して、政治と関わる楽しさを伝え続けたことは、私自身にも大きな成長の機会となった。さらに「雑多な」集団だからこそ生まれるものがあることも経験した。

　そして、「出前授業はきっかけづくり」だとあらためて思う。生徒にも教員にも、意外性をとおして前向きな関心を持ってもらうことが大事だ。外部講師の強みは、学外での経験と講師自身の生き様である。同時に、学校や授業という日常への“侵入者”であることも頭の片隅に常においている。日常を荒らすのではなく、日常に刺激を与えるために授業準備を細やかに行うことが大事だ。

　あらためて、これまで関わったすべての生徒と先生に感謝いたします。

はらだ・けんすけ　1986年生まれ。大学在学時より、若者と政治をつなぐ活動を始める。NPO法人代表、有識者会議委員、大学非常勤講師として活動。学内外での主権者教育の授業・ワークショップや教材づくりを行う。

場づくりの架け橋となる「問い」
──世代を超えた進路ゼミから学ぶ場づくりのヒント

藤代圭一

メンタルコーチ／コミュニティデザイナー
一般社団法人スポーツリレーションシップ協会 代表理事

本音を語り合える場をつくる3つのルール

　島根県の離島・隠岐島前の海士町と沖縄の二拠点生活を始めて4年。問いかける技法と自分のあり方を深め続け、全国各地で講演やワークショップを行っている僕にとって、「場づくり」は永遠のテーマでもある。僕は、問いかけに答えることでやる気を高めたり、自分を知り、自分らしく生きるヒントを得たりする、受講者参加型の場づくりをしている。そこでは、本音で語り合える空間をつくるために、

- 質問の答えは「どんな答えも正解」
- 質問の答えは「わからないも正解」
- 相手の答えを受けとめる（＋拍手）

という3つのルールのもと、受講者同士で「しつもん」に対する答えを伝え合う。

　「この時間が終わったときに、どうなっていたら最高?」
　「最近、うまくいっていることは何がある?」
　学校での試験やクイズと違い、僕が問いかける「しつもん」には、「これが正解」という答えはない。「どんな答えも正解」なので、「こんなこと言ったらダメかな」ということでもOK。たとえ一見関係なさそうなことでも、どれもそれは今の自分から生まれた答えだ。

　「そんなこと考えたこともないよ!」と、どうしても答えを決められないときもある。そんなときは、「わからない」も正解だ。例えば、「どんなことに、豊かさを感じますか?」。そのときわからなくても、次の日の朝、「そういえば」と思うかもしれない。1年後、3年後……「これが今の私の豊かさだ」と思うことがあるかもしれない。言葉が出てこなくてもいい。問いに対する答えを考える時間を大切にしてほしいと僕は思っている。

大切にしている３つ目のルールは、「相手の答えを受けとめる」。「どんな答えも正解」というルールを伝えてあるので、ワーク内ではいろいろな答えが出てくる。「そんな考えもあるの!?」「僕はそうは思わない」といった、いわば自分の枠（常識、当たり前）を超えた答えや反対意見も出てくる。でも、だからこそ、新たな気づきや発見が生まれる。「（その答えを）受け入れられない自分」がいることにも気づき、「どうしてそう思うのだろう？」とさらに相手への興味と関心を深めることができる。

　受け入れられなくてもOK。「そういう考えもあるのか」「君はそう思うんだね」と心の外側で受けとめて、拍手をしてもらうようにしている。

　隠岐島前高校と連携した公立塾「隠岐国学習センター」から依頼を受け、高校生（主に３年生）に向けて、ゼミを開催したときのことだ。テーマは「進路（キャリア）」。「高校生×進路」となると、「進学」や「就職」をイメージする人がほとんどだろう。離島で暮らしているので、「島に残って暮らすのか」「島外に行くのか」といった視点も関わってくる。

　毎回参加する高校生もいれば、「ふらっと旅行に来ました」という大人や、数日間滞在している大学生が参加することもあった。離島で暮らす高校生にとって、「外」で生きる大人たちとつながる貴重な機会でもある。僕らのゼミで取り組んだことは、「お互いに質問を贈り合うこと」。いわば、「問いのプレゼント」をつくることだった。

　僕も含め、大人が考える「進路」は、たくさん勉強して、希望の大学に入って、やりたい仕事を見つける。就職して、お金を稼いで、自立して生きていく（生きていかねばならない、と思っている）。将来に立ちはだかる壁を想像し、挫折しないように、失敗しないように準備をすることが必要だと。

　もちろん、その考えも必要だろう。しかし、高校生の彼らは違った。彼らが生きているのは「未来」ではなく、「今」。夏は毎年来るかもしれないが、「高校３年生の夏」は人生で一度きり。そんな当たり前のことを思い出させてくれた彼らからは、「しつもん」を仕事にしている僕が嫉妬してしまうほど、瑞々しい問いが生まれた。

「自分のどんなところを褒めたい?」

「少しペースを落とすと、何が見えそう?」

「あなたの直感は何を大事にしている?」

「どんなことに怖さを感じる?」

「今しかできない経験は何がある?」

「もう一人の自分は何と言ってる?」

　後日話を聞くと、「年代の違う大人たちがいてくれたから良かった」という声もあった。ゼミに参加してくださった方はみな自然体。飛行機やフェリーを乗り継がないとたどり着けない離島ゆえ、物理的にも精神的にも、普段の肩書きや日常生活から解放されることが影響したのかもしれない。さらに「3つのルール」があることで、自分のどんな答えでも受けとめてくれるという安心感と、多様な考え方に触れる価値を少しでも感じてもらえたのではないかと思う。

これからの時代に必要な「質問力」

　人間は無意識に自分自身に問いかけていて、思考や行動は問いとその答えによって変わってくる。その数、なんと1日に2万回以上。「なぜこんな簡単なこともできないの?」と自分を責めたくなるときも、「じゃあ、どうしたらできるようになるだろう?」と、問いを変えてみる。問いが変われば、視点が変わる。行動が変わる。問いをつくる力があれば、脳は自然にその答えを探し出

す。それが生きる力につながると信じているし、僕が育てたいのは「質問力」だ。

　時代の変化によって、生き方や働き方は大きく変わっている。「どんな生き方がしたい?」「どんな人生にしたい?」先生や僕たち大人の「こうしなさい」に従うのではなく、自分自身で問いを立て、答えを見つける。「自分で選んだ」という自信や誇り、納得感があれば、どの選択をしても前を向けるのではないだろうか。

理想の場づくりはあり方を見つめることから

　高校生と「外」の人間とが一緒に作り上げたこの「問いのプレゼント」は、「Life is Learning ～高校生が未来の『私』に贈る問い」として、対話カードになった。「この問いに答えたい」と選ばれた全52枚のうち、残念ながら僕たち大人がつくった問いはほとんどない。おかげさまで準備した300セットはすでに完売。「中学校のキャリア教育に使いたいです」「大人の学び直しを促す場で活躍しています!」など、僕たちが想像し得なかった驚きの展開が広がっている。もし、海士町に来る機会があれば、隠岐国学習センターで、ぜひカードを手に取り、この問いに触れてみてほしい。理想の場づくりは、あなたらしさを探究することから始まる。

「Life is Learning　高校生が未来の『私』に贈る問い」カードセット

ふじしろ・けいいち　一方的に教えるのではなく、質問をすることで自分を知り、成果とやる気を引き出す講演・研修を実施。島根県の離島・海士町と沖縄県読谷村の二拠点暮らし。著書に『私を幸せにする質問』『教えない指導』など。

いのちのつながりが生まれていく場へ

遠藤 綾

学校法人軽井沢風越学園幼稚園 副園長

森の営みを庭へつなげていくために

　2022年春、森に囲まれた軽井沢風越学園の環境を活かしていくことをねらいとして、水、土、エネルギーなどが循環する豊かな野外環境づくりを目指す「いのちのつながりづくりプロジェクト」がスタートした。プロジェクトパートナーにパーマカルチャー[*1]デザイナーの四井真治さんに参画していただいている。始まってまだ間もないが、これまでを振り返ってみたい。

　軽井沢風越学園は、2020年に開校した幼小中の「混在校」[*2]である。私は2021年に参画し、幼稚園スタッフ（風越学園では、教員のことをスタッフと呼んでいる）として働いている。幼稚園では、校舎に荷物置き場はあれど、子どもの暮らしは自然と共にあり、ほとんど全ての活動が野外で行われている。

　幼稚園の子どもたちは、森に入る時「おじゃましまーす」と大きな声で呼びかける。これは熊除けという意味合いもあるが、森の生き物たちの居場所に私たち人間が居合わせさせてもらう、というあり方の現れでもある。森に入ると、木や草花、虫や土など、森のいのちの未分化な様を感じられる。全てのいのちがつながりの中で生きていることを感受するには、これ以上ないという環境である。一方で、3年生以上になると今度はほとんど全ての活動が校舎の中になり、森が遠くなっていく。開校2年目のタイミングで参画した私の目には、森と自然環境が他の学校にはなかなか真似できない風越学園のユニークさとして映っていた。この森で起きている営みに学び、校舎と森の間にある園庭・校庭の環境を豊かに育てていくことができれば、その環境自体が校舎の中にいる子どもたちを誘発してくれるのではないか。風越学園のカリキュラムがこの場の持つ力を存分に活かしたものとなるためにも、まずは具体的な環境づくりからやってみよう。プロジェクトが始まったのは、そんな考えがあったからだが、その根底には私自身が森の中にいることが好きで、その心地よさを庭へと広げ

て、みんなと共有してみたい、いのちのつながりを感じられる庭をみんなと一緒に見てみたい、という想いがあった。

　2022年度は、水の仕組みづくりを軸として、8、9年生の数名が手作りした田んぼとその水を循環させる小川を、年少から9年生の子どもたちとスタッフ、保護者が集い、少しずつかたちにしてきた。全長約50メートル、幅1メートル程の小川の水を太陽光パネルとポンプを使って循環させている。6月に計画を構想し、7月に測量してルートを決め、その後は月1度のワークショップで、子どもも保護者も一緒に芝生の土を掘り起こし、防水シートを敷いて、石を積むという作業を続け、11月にやっと水が循環するまでに至った。その後、マイナス15度まで冷え込むこともある冬がやってくると、できたての小川はちいさなスケートリンクとなり、ごっこ遊びのための氷工場となった。そして春がやってきて、2023年5月にようやく雨水タンクを設置。校舎の屋根に降り注ぐ雨水をタンクにためて、必要に応じて田んぼと小川に雨水を活用している。

2022年7月、川のルートを決め、掘り進めているところ

生物多様性を第一においてみると

　小川づくりのハイライトは、水のルート決めのための議論だった。水盛缶というバケツとホースをつないだだけのアナログな道具と測量機を使って、高低差を調べ、敷地図に書き込んでいった。高いところから低いところへ水が流れていくよう考えながら、ヘドロ化して臭いを発していた水たまりを通るルートにしようということになった。ルート決めの中で最後に意見がわれたのが、田んぼの水をためておくという用途と幼稚園の子どもたちの泥遊び場を兼ねて掘ったため池から小川に水を流し込むための流れを開渠にするか、配管を使った暗渠にするかという議論だった。その前提として、幼稚園の子どもたちが遊ぶ

場所でもあるという点を考慮して、どのようなデザインにするのがよいのか、ということがあった。そして最終的に生物多様性を第一に考えながら、人間の歩きやすさや心地よさも大事にする、という川づくりの方針が定まった。その議論を振り返ってみたい。

Sくん（9年生）: ここは暗渠にしてもいいんじゃないかな。みんなが通る場所じゃないし、いろんなところに川がありすぎたら、幼稚園の子たちが困るかもしれない。

四井さん: 地面の下に配管を通すことによって、その上を人が通りやすくなるよね。川の方がたくさんの生き物が住めるけど、幼稚園の子どもたちにとってはつまずいたりする可能性も出てくるね。

Kくん（8年生）: ここは低い場所じゃないから、水があんまりたまらないんじゃないかな。小川にしても水が流れるのかな。

四井さん: 僕たちの身のまわりでも、昔は小川があったけど、どんどんなくなってきているよね。街に川があると車が通れないから、配管で埋めちゃうんだね。都市部にある川はどうして汚いんだと思う？

Sくん: 排水が流れてるから？

Kくん: 水草とかがないから？

四井さん: 排水の中の栄養分を生き物が食べてくれれば、水はきれいなはずなんだけど、その生き物が住む環境がないから汚くなるんだ。環境の多様性をつくってあげれば、もっときれいになる。視野を大きく広げてみると、地球上の生き物の56%が絶滅危惧種にあたるということがわかっているけど、一番絶滅割合が高いのは水辺で、陸上の水辺の生き物の90%が絶滅を危惧されていると言われている。

Wさん（スタッフ）: 環境の多様性、生き物のためには、暗渠配管じゃなくて小川の方がいいのかな。

四井さん: 一方で配管が全て悪いわけじゃない。僕らが暮らす上で必要なこともあるからね。

Kさん（保護者）: 人の都合も考えるならば、歩きやすさとかの必要性があるところは配管で、そうでない場所は、生物多様性をまず第一におくとするのはどうだろう。

　この後、田んぼのため池と小川の起点を結ぶルートを決めて、掘り進め、無

*1　人が自然と共存し、恒久的に持続可能な環境・社会を作り出すためのデザイン体系。
*2　一般的には「一貫校」だが、「じっくり・ゆったり・たっぷり・まざって」の願いを込めて「混在校」と表現している。

事に田んぼと小川を
つなぐ水の流れがで
きた。こんなふうに、
子どもも保護者もス
タッフも同じように
わからなさを抱えな
がら、共に考え、議
論しながら方向性を
見出していく場面が

2023年4月の庭の様子。真ん中に見えるのが小川

プロジェクトの中では何度も起きていた。思わぬことが起きて立ち止まったり
しながらも、みんなで力を合わせてかたちにしていく。そんなことを繰り返し
ながらプロジェクトが進んでいった。結果、小川だけではなく、日干しレンガ
を使ったピザ窯や、川づくりで掘られた土を活用した渦状の菜園（スパイラルガ
ーデン）、堆肥枠やミミズコンポストなどがつくられていった。プロジェクト
に参加した子どもたちにとっては、身体を動かし、仕組みを考え、やってみる、
そんな経験の連続だったのではないかと思う。

「生まれてくる」ような環境づくりへ

　　小川ができたことによって、子どもたちの遊びに変化が生まれると共に、
これまで見られなかった水辺の生き物が生息するようになった。2023年6月
現在は、おたまじゃくしがウヨウヨいる。反対に困ったことといえば、おたま
じゃくしを腹ばいになって夢中で捕まえていると、川岸の石が崩れてしまい、
日々石積みの補修を余儀なくされていること。でも、どうやら子どもたちと共
存する川は、永遠に完成することはなさそうだ。つくって、こわし、またつく
って、という動きこそ、いのちの動きそのものであり、そのいのちが集まった
学校そのものなのだから、それでいいのだろう。

　　最後に、プロジェクト2年目を迎えたいま、改めて「つくる」というよりは、
「生まれてくる」ような環境づくりが、どうしたら可能なのだろうか、という
問いが私の中で大きくなっている。一人ひとりの子どもの経験をできるだけ丁
寧にみとろうと目をみひらき、時にささえ、共につくる中で、いつのまにか「生
まれている」、そんな場づくりをイメージしながら、今日も崩れた石積みをな
がめながら、子どもといういのちが発するエネルギーに圧倒されている。

えんどう・あや　九州大学にて子どもの居場所づくりの研究に携わった後、子ども領域での
書く仕事、つくる仕事に携わる。その後、企業主導型保育園を立ち上げ、園長として運営。
2021年春に軽井沢風越学園に参画。

安心して学べる学校内外の場づくり
——高校魅力化プロジェクトにおける場づくり

藤岡慎二

産業能率大学経営学部 教授

1.　生徒たちにとって学校は安心して学べる場所なのか?

　　経営学や産業界では"心理的安全性"がキーワードになっている。これはチームにおいて、以下の状態の場合を指す。

・メンバー自身が発言することで自身が恥じたり、他者から拒絶されたり、罰をあたえられることはないという確信を持っている。

・チームはリスクをとるのに安全な場所であるとの信念がメンバー間で共有されている。

・メンバー全員が思ったことを発言したり行動したりしても対人関係を損なうことはないと信じている。

　　学校での心理的安全性の確保は、安心して学ぶことができる空間のヒントの一つだろう。

　　今回は、学校における心理的安全性を踏まえた学びの場、そして学びへの動機を引き出す取り組みについて、「高校魅力化プロジェクト」*の事例をあげて紹介したい。

2.　隠岐島前高校の「失敗の日」制定

　　筆者が2016年まで参画した島根県立隠岐島前高校での取り組みから紹介する。島前高校は2022年10月13日を「失敗の日」と定めた。島前高校のHPによれば、このスローガンは、"本校生徒や教職員が失敗を恐れることなく果敢に踏み込める（＝挑戦できる）よう掲げられました。本校での3年間を、より「踏み込む」ことでかけがえのない経験をし、それを質の高い「振り返り」によって学びに昇華することで、本校での3年間が、人生の縮図となるような、かけがえのない3年間にしていきたいと考えています。（中略）隠岐島前高校でも10月13日を「失敗の日」として位置付け、学校行事として取り組んでいく

こととなりました。"

この取り組みは、学校における心理的安全性の確保につながる。「無知だと思われる、無能だと思われる、邪魔をしていると思われる、否定的だと思われる」などの4つの不安は生徒の主体的な学びを阻害してしまう。

島前高校では、失敗を共に称え合うべく、まずは教員、特に校長先生から失敗談を始めたそうだ。高校生は、教員や大人は失敗もなく、確実にキャリアを積み上げてきたと思いがちだ。目の前の大人もリスクをとり、挑戦ゆえの失敗をしてきた、失敗を乗り越えて今

隠岐島前高校 HP より

があると知るだけで、行動変容を期待できる。学校内での心理的安全性の醸成と、リスクをとって挑戦する若者の育成は今の日本に必要な取り組みではないだろうか。

3.　弓削高校の「しごとづくり学」

愛媛県上島町にある愛媛県立弓削高校では総合的な探究の時間で「しごとづくり学」を展開している。アントレプレナーシップを持つ地域の創り手を育むべく、高校生たちが地域の課題を発見し、解決策を考える授業だ。ここまでであれば、いわゆる「地域学」の一環として全国で実施されているが、「しごとづくり学」はここからが異なる。解決策を持続可能な施策にすべく仕事にする、つまりはビジネスモデルを構築し、生業を創る地域起業家を育むことを目的としている。弓削高校の有志の先生方と筆者らで授業設計をし、実施でも協働させて頂いた。

起業といえば、「リスクが高い」「失敗したらどうするのか」とのイメージがある。「しごとづくり学」では、起業やアントレプレナーシップに経営学や経済学で研究された最新の知見を盛り込み、リスクを回避し、達成するために必要な資質や技能を育む。

1年目はVUCA時代やAIなどのテクノロジーが発達し、いかなる人材がこれからの社会の創り手になるのか？をジグソー法やPBLを活用して、生徒は自分のことばに落とし込む。2年生では、地域の課題を発見しながら、解決策

を考えて、ビジネスプランを練っていく。リーンキャンバス、カスタマージャーニーなどビジネスの創出に必要な思考ツールを使う。秋の文化祭までにビジネスモデルを構築し、ポスター化し、生徒全員分を廊下に掲示する。後輩は高校生でも仕事を創れるのだと刺激され、先輩からはアドバイスをもらえる、3年生では「進路探究」として、自身が創った“しごと”を実現するための自身の進路探究を実施する。自身と周囲の生徒からのフィードバックを受けてビジネスプランを洗練する。

　授業として取り組むことで、生徒全員が“しごとづくり”について考えるので、「イキがっている」などと言われない心理的安心空間を醸成できている。

　成果も出ている。学んだ内容を活用し、慶應義塾大学など著名な私立大学や国公立大学への合格者も増えている。現在では、「しごとづくり学」がきっかけになり、県内外から入学希望者が集まり生徒数は倍増し、高校の魅力化に一役買っている。

4.　公営塾—厚真高校の「よりみち学舎」

　教育格差の是正を目指して全国の基礎自治体が公営の学習塾を設置し始めている。離島中山間では民間教育がない、もしくは乏しい。放課後における学びの場の有無は教育機会の格差につながる。公営塾の多くは、対象を小中学生から高校生までとしており、取り組みは様々だ。

　筆者もかつては公営塾のスタッフを務め、その時の経験を活かし、現在は日本全国で公営塾を設置・運営している。筆者が関わる公営塾では学力や成績向上のための教科学習に加えて、問題発見能力やリーダーシップなど、いわゆる非認知能力を育むPBL、STEAM、探究学習を実施している。しかし、最近、興味深い取り組みとして注目しているのは北海道厚真高校の公営塾、「よりみち学舎」だ。

　「よりみち学舎」では高校生活魅力化プロジェクトを掲げ、高校生の生活をより魅力的にするべく取り組んでいる。教科学習のサポートや探究学習のみならず、高校生の何かしたい！　気持ちを「よりみち学舎」のスタッフたちが全力で応援している。学ぶ内容は、「よりみち学舎」のスタッフが準備するが、何を学ぶか決める主体はあくまで高校生だ。チャーハン作り、サーフィン、地域と連携した活動など何でも良い。ここには競争ではない安心して学びの意欲を高めるエッセンスが満ちあふれている。

人間が学びの意欲を高めるには3つのCが必要だといわれている。興味をそそる教育内容ContentsのC、協働して学ぶCollabolationのC、生徒たち自身が学びたいことを選ぶ

【3年生】挑戦から次の挑戦へ

2月 公営塾でギターを始め、バンド結成 日常的に公営塾に来るようになる
4月 キャンパス見学ツアーで進路を考える
7月 文化祭でバンド発表、自信を持っていく
11月 大学受験に挑戦、見事AO入試で合格

3年生の感想
公営塾があったおかげで、高校生活とても楽しかったです。

よりみち学舎提供

ChoiceのCだ。「よりみち学舎」には生徒たちが興味深い学びのコンテンツを主体的に選び、協働して学ぶ3つのCがある。競争とは違ったやり方により、学びの意欲を向上させている。ギターを学んだ高校生がその後、進学意欲を向上させ、学校推薦・総合型選抜で大学に進学するような例が実際に生まれている。

5.　心理的安全性と3つのCで安心して学べる環境をつくる

　　高校魅力化プロジェクトにおける安心して学べる環境の事例について言及してきた。

　　これらの事例では、失敗を称え合うスローガン、生徒が興味を持つ問いや内容を重視すること、学ぶ内容を生徒に選ばせ、協働で取り組ませることにより、学ぶ意欲を喚起している。競争以外でも学ぶ意欲は喚起できるのだ。競争には、互いの切磋琢磨により、教育効果を上げる効果があると思われる。しかし、研究によれば、教育の世界では一部のトップ層が主体的に競争を選択した場合にのみ、成果が出ることが明らかになっている。競争は教育のみならず、芸術・スポーツなどにおいても一部の場合を除いては全体のパフォーマンスを下げるというのが、研究者の間での現在の見解だ。競争を否定するわけではないが、競争以外の方法で学校内外での学びに向かわせる環境づくりが、生徒の安心できる学びの場づくりにつながっている。

＊高校魅力化プロジェクトとは、島根県立隠岐島前高校を発祥とした全国的な取り組みである。人口減少や少子化で高校が統廃合の危機に瀕しているのに対し、高校のみならず立地している地域の基礎自治体や企業、地域住民が協力し、高校と高校生の学びを支援する。主な取り組みとしては地域と連携した地域課題発見解決型カリキュラムを中心とした授業改革、放課後に生徒が学ぶ場としての公営塾、国際交流部や起業部などの特色ある部活動の設置・運営、生活を通じてリーダーシップやコミュニケーション能力を育む教育寮、多様な価値観を持つ生徒たちを全国から地方に留学させる地域留学がある。

ふじおか・しんじ　産業能率大学経営学部教授。2006年、慶應義塾大学大学院SFC政策・メディア研究科修了。同年株式会社Prima Pinguinoを設立、島根県立隠岐島前高校魅力化プロジェクトに参画し、今は全国で高校・大学魅力化プロジェクトを展開している。

多様性が発揮される場をいかに形成するか

中村怜詞

島根大学 大学教育センター准教授

多様性に富む学びの場を創る

　島根大学では社会教育主事講習（地域教育魅力化コーディネーター育成コース）を毎年開講している。社会教育主事講習というと、一般的には県内の教育委員会や公民館に勤める職員が受講することが多いが、島根大学の講習は全国の多様な学習者を受け入れている。受講者は教員、コーディネーター、行政職員、企業の経営者、NPO職員、公民館職員、看護師など多岐にわたる。

　講習のゴールは社会教育について広く学ぶことではない。学んだことを通して自分たちの現場をより良い方向に動かしていくことがゴールである。学習者の現場には大なり小なり課題が蓄積しており、簡単に動かすことが出来る現場などほとんどない。アインシュタインは「問題は発生したのと同じ次元では解決できない」と述べている。課題の山積する現場を動かすためにはバイアスを取り払い、これまでとは異なる見方・考え方が必要になる。現場をどうにかしたい！　という本気の大人こそアンラーンが必要であり、アンラーンを促すために多様性に富んだ環境での対話的な学びや内省が必要なのである。

多様性が発揮される場を創るために必要なこと

　一般的に多様性が高まると視野が広がり多様なアイディアが生まれ、創造性が高まると言われている。ただし、話はそれほど単純ではなく、多様性が高まることで集団内のコミュニケーションが困難になったり、異質な他者との緊張関係の中で参加意欲が低下したりすることも古くから指摘され続けていることである。多様性に富む環境で参加者が円滑なコミュニケーションをとり、多様な考えを交換し合うためには、ある程度長期にわたる相互作用（岡田1999）や集団内で類似性や共通性も同時に保持していることが重要になる（三浦・飛田2002）。そのため、島根大学の講習では半年間にわたる長期の学習プログラム

を設計し、学習者全体で学びのポリシーを共有することで、学びの在り方について共通認識を持つようにしている。

　講習では「共学共創」の理念を掲げ、その実現のために３つのポリシーを設定している。①構成主義、②安心安全、③試行錯誤である。自分たちの現場を動かしていくためには、自分が変わることも必要になる。働きかけてもなかなか変容しない現場に身を置いたときに、「周りのやる気がないからどうしようもない」と諦めることはたやすいが、それでは何も変わらない。「自分の動き方、働きかけ方がこれで良いのか？　まだ何か出来ることがあるのではないか？」と、思考の矢印を自分に向けて試行錯誤することが現場を動かしていくための一歩目であり、自分に思考の矢印を向けて内省するためには安心安全な環境で構成的に学ぶことが必要だからである。

多様性が活きる場を創る

　多様な学習者がそれぞれの考えを自由闊達に交換し合い、アンラーンしていくためには、ある程度長期のプログラムであることや共通認識の共有も大切であるが、加えてもう１つ重要なのが学習者の主体性である。

　学習者の主体性を引き出すために、ファシリテーターとしてワークショップ（以下WS）を回しているときにはとにかく気を遣っていることがある。それは、「活動」「共同体」「空間」で構成される学習環境（美馬・山内2005）に矛盾を生じさせないことである。例えば、WSにおいて問題を解決するための創造的なアイディアを出す活動を設定しているのに、参加者とのやり取りの中で、「良い質問ですね！」「素晴らしいアイディアですね！」という表現はあまり好ましくない（勿論状況次第だが）。ファシリテーターが「良い」「素晴らしい」という主観的な評価を含んだ表現を用いると、その場に「良いアイディア」と「悪いアイディア」（ファシリテーターが高く評価するものとそうでないもの）があるという空気が形成され、参加者がファシリテーターの言って欲しそうな「正解」を探し出すようになるためだ。こうなると、活動は創造性を求めているのに参加者は適切な答えを求めるような矛盾したものになる。そして、矛盾が顕在化した空間では学習者は主体的になることは難しい。求められていることに応じて言動を選択する受動的な存在になるからである。

　多様性を活かす場を創るためには、こうした場の矛盾をなくす必要がある。講習では学習環境の３要素を①構成主義、②安心安全、③試行錯誤、の３つの

ポリシーを念頭に置いて設計しているが、気を配るところは無数にある。例えば安心安全。言葉にするのは簡単だが、多様な学習者が互いに心理的安心感を得て、本音を語りあい、異なる意見同士を表に出せるような共同体を形成するのは簡単なことではない。講習には全国各地から60名の受講者が集まってくる。初対面の人同士が大半であり、職種も先述した通り多様である。自分の常識が相手に通じるかどうかは分からないし、意図が正確に伝わるかどうかも分からない。このような学習集団がオンラインで実施される環境で構成的に学ぶためには、関係性の構築が必須になる。

　そのため、講習の開講式は必ず対面で実施する。これから半年間オンライン中心で学ぶ学習コミュニティが安心安全な場となり、互いの本音をテーブルに出しながら違いを楽しんだり、互いの差異を認識する中で自己の見方・考え方を揺さぶることが出来るようになるかは開講式にかかっている。対面とオンラインはコミュニケーションの距離と場面の豊かさが大きく異なる。オンラインでは互いの距離感は一定だが、対面ではコミュニケーションを取りあう距離感は常に変動し続ける。すぐ隣に座って対話するのと、数メートルの距離で面と向かって対話するのでは、コミュニケーションの感覚は異なってくる。また、対面の集合研修では偶発的なやり取りも各所に生じる。例えばお手洗いに行くタイミングがたまたま重なった人と「今日はどちらからいらしたんですか？」「いやー、朝のワークは結構ハードでしたねー」とちょっとしたやり取りが生じた経験は多くの人にあるかもしれない。こうした小さなやり取りの蓄積が心理的距離感を縮めることに繋がっていく。

　講習では授業設計者をサポーターと呼び、参加者を学習者と呼ぶ。学びは授業設計者が授けるものでなく、学習者自身が構成していくものであるため、あくまで授業設計者は学習者が主体的に学ぶための伴走者であることを明示するためである。学習者が安心安全な環境で学ぶことが出来るように、空間のレイアウトにも気を遣う。開講式後のワークショップではアイスブレイクやトークフォークダンスなど人間関係を構築するためのワークを複数実施し、サポーターも学習者の輪にまじって参加するが、多くの活動は円で行う。座る位置によって上下関係が示されることもないし、互いの顔が見えることで安心感も持てるからである。

　このように、3つのポリシーを意識して学びの場を創り、細かいところまでチェックをして学習環境に矛盾がないように設計する。ただ、意識して取り組んでもこれがかなり難しい。学習環境の中でも活動や空間など事前に準備でき

ることは複数の目でチェックをすることで精度を上げることが出来るが、ワークショップ最中の咄嗟の言動は場のコンセプトとズレたものが頻繁に出てくる。サポーター同士は数年間一緒に学びの場づくりをしているために仲が良く、愛称で呼び合ったりする。しかし、開講式で初めて学びの場に飛び込んできた多くの学習者にとっては、例えばサポーター同士は愛称で呼び合う空間は、自分たちを「部外者」だと感じさせる排他的な空気を生み出す。これは安心安全とはかけ離れる。また、サポーターという呼称を使っているにも関わらず、活動の説明や指示を出す際に権威的な空気が出てしまうこともある。

チームで学びの場づくりをする

　ポリシーと学習環境が完全に一致し、一分の隙もないほど完璧に統制された学びの場など恐らく存在しない。極力矛盾を排除しようとしても、必ず小さな歪は生じる。複数のメンバーで設計した場ならなおさらである。打ち合わせを重ねてポリシーとその意味をメンバー間で共有していても、互いの認識はズレが生じている。それでも、学びの場を設計するときはチームで設計することが望ましい。複数のメンバーが集まれば教育観はバラバラだが、1人の人間が設計すれば矛盾のない学習環境が形成されるわけでもない。1人の人間の中でも複数の矛盾する教育観がせめぎ合っていることはままある。「主体的、対話的で深い学びが重要だ」と主張する教員が講義型の授業を展開していることなどよくある話だ。であるなら、複数のメンバーで対話と内省を繰り返しながら学習環境を設計していく方が、時間はかかっても矛盾の少ない学習環境の実現に近づくことが出来る。多様性を発揮できる学びの場づくりは、複数の授業設計者が多様な視点を出し合える環境から出発するのである。

参考文献
＊美馬のゆり・山内祐平（2005）『「未来の学び」をデザインする』東京大学出版会
＊岡田猛（1999）「科学における共同研究のプロセス」岡田猛・田村均・戸田山和久・三輪和久『科学を考える』北大路書房 .2-25. ・三浦麻子・飛田操（2002）「集団が創造的であるためには－集団創造性に対する成員のアイディアの多様性と類似性の影響—」実験社会心理学研究 41 (2),124-136

なかむら・さとし　島根県の高校教員（世界史）として11年間勤務。島根県立隠岐島前高校で地域と協働した学校経営や探究的な学びと出会い、総合的な探究の時間の面白さにハマる。2018年から島根大学へ。

なぜ学校という「場」の維持が
難しくなっているのか

二井 豪

学事出版株式会社 出版部次長

　編著者の先生方からいただいたお題は、「学校内外の場づくり」である。筆者に期待いただいたのは、もしかしたら編集者という少し教育関係者とは違った視点からの内容かもしれない。しかし、少し考えているうちに、今回は原理的な話をしてみたくなった。

学校＝学びの場になっているか

　改めていただいたお題を見てみると、「……生徒たちにとって、学校は、安心して学べる場所、過ごせる場所になっているか……」とある。しかし、そもそも学校とはどういう場だったのだろう。そして、もし「安心して学べる場所、過ごせる場所」になっていないとしたら、それはなぜなのか。改めて考えてみたい。

　教育学をかじった者ならばこうした見方は何も珍しくはないのだが、今一度確認をしておきたい。近代の学校システムはかなり意図的に、システマチックに「つくられた」空間である。たとえば、教室の配置。最近は変則的な配置も見られるが、日本の学校の多くの教室は黒板や教卓が「前」にあり、子どもの机と椅子が直線で並ぶ。「後ろ」には掲示板やロッカーが配置されていることが多いだろう。

　だからどうだという話であるが、特に教えなくとも、日本全国、もしかしたら世界中で「前を向きなさい」と子どもたちに言えば、子どもたちが「自然」と黒板の方を向く。「机を『元の位置』に戻して」と言えば、机と椅子を直線的に並べるだろう。当たり前といえば当たり前なのだが、不思議といえば不思議である。誰が「前」を決め、誰が机や椅子の「元の位置」を決めているのか。校長先生や教育委員会でないことはたしかそうだ。

　その答えは近代学校システムの研究にあるが、一言でいえば、子どもたちを一か所に囲い込み、静かにおとなしく、一斉に同じことを学ばせるのに非常に

効率的なシステムとして「発明」されたからということだ。近代以前の日本の教育は、家庭教育として、そして寺子屋という形で基本的には個別指導が原則であった。それが、近代化に伴い産業構造が変化してくると、より多くの子どもたちに、より効率的で、一斉に同じことを教える、あるいは教え込むシステムが社会的に求められたのである。そこで「発明」されたのが学校であり教室というシステムというわけだ。

そして、学校で学んだ者たちは、その国の言葉を学び、簡単な計算を覚え、産業社会に必要な知識を学び、同時にあるべき態度を身につけ、ある意味、その社会に従順に適応していく……。あるいは、産業化が進み、大人たちが家から出ていくと、子どもたちの面倒を誰が見るかも問題になる。そのときに子どもたちを囲い込んで、面倒を見るシステムとしても非常に機能的だということもできるのだ。

システム維持が困難に

そして、この近代的な学校システムを見る際のポイントは、このシステムを成り立たせてきたものは何か、ということだ。単に機能的だからというだけではないし、それだけで子どもたちが自主的に学校システムに組み込まれるとは考えにくい。答えを先取りすれば、そこにはある種の強制力や暴力が背景にあるのだ。

たとえば私たちも、教室で「前を向け！」と言われれば、無意識かもしれないが「怖いから」「前」を向いていたのかもしれない。机と椅子が用意され、「着席」と言われると反射的に椅子に座り、自然と「前」を向くように強制されていたとも考えられる。そもそも、「学校へ行かない」という選択肢はないと考えている子どもの方が多かっただろう。あるいは校則問題に代表されるように「みんな一緒」の服装、ルールがなぜ存在するのか。

こうした価値観をどこかで内面化し、何が悪いかはよくわからないが「行かないとだめだな」「勉強しないとだめだな」「みんなと一緒じゃなければだめだな」と思い込む（思い込まされる）ことこそ、社会的な強制力が働いてきたことの証だろう。そして、それが曲がりなりにも維持されてきた背景には、それこそ「場」として成り立つために、様々な強制力・暴力が社会的には容認されてきたからだといえる。

ところが、時代が進み、最近ではさすがに表立って強制力や暴力が容認され

ることはなくなった。そのこと自体は歓迎されるべきだが、一方で、このシステムを成り立たせてきた前提が崩されることにもなっているのだ。強制力や暴力を働かせ、学校という場で子どもたちの面倒を見る役割を担ってきたのが教師だとすると、暴力が許されなくなっている時代でこのシステム維持を担わせていること自体が「無理ゲー」(設定上、そもそも攻略が難しいゲーム) だということになる。だから、先生たちの病休や離職は止まらないし、教職という仕事が辛いと感じる先生が多くなっている、とみることはできないだろうか。

　こうした話は一面的な見方かもしれないし、真剣に学校を守ろうとしている先生方にとっては不快でしかないと思う。だから、あくまで、学校という場をどう見るかといった場合の、一つの見方としてここでは提示しておきたい。ただ、1960年代頃からの非行問題、不登校の増加、そして決定的なのは1990年代頃からの学級崩壊である。これらの原因は様々に論じられているが、ここまでの話を視点としてみると、近代学校システムが根本的にもう成立不可能なところまできているのではないかと思う。だから決して、学級崩壊や不登校等の問題は、個々の教師の責任ではないことを強調しておきたい。

場の否定や代替は難しい、組み替えを目指して

　一つの見方ということでいえば、校内暴力や不登校、学級崩壊等々の学校教育を象徴する問題は、子どもたちからの学校システムへの反抗とみることもできるだろう。「反抗」は大げさかもしれないが、そもそも完全なシステムなどあり得ないだろうから、一部の子どもや教師は度々システムの不備を指摘してきたのだろう。それらが時代を経て、強制力や暴力についての検証が始まり、これらの力を肯定することは許されない雰囲気も出てきているなか、ようやく「反抗」が「まっとうな指摘」として受け入れられつつある雰囲気を感じる。たとえば校則問題などは、1960年代頃から何度か話題となってきたが、この2020年代頃からの校則改正の動きはかつてないほどに大きくなりつつある。服装も女子のスラックス導入などは、もはや「当たり前」になってきている。

　不登校問題も同様だ。2019年からの新型コロナウイルス禍の影響は大きいとは言え、通信制高校への入学者が飛躍的な伸びを見せていること、いわゆるオルタナティブスクールの動きも一定程度、社会的に認知されてきたことなどは、既成の学校システムではもはややっていけない、それではだめだということが社会的に認知されてきていることの証なのだろう。

繰り返しになるが、こう考えてくると先生たちは本当に苦しい状況である。強制力や暴力への社会的合意がなく、価値観も多様化し、システムを成り立たせる前提がないのに「システムは維持せよ」と言われるのである。そうした困難な状況を特に若者たちは見抜き、学校から遠のいていくのである。そもそも、こうしたシステムを生んできた社会自体が激変している。新型コロナウイルス禍、ICT技術の急速な発達等々、システムが予定してきた社会状況は大きく変えられつつあるのだから、学校も変わらざるを得ないのだ。だからこそ、最近は学校に関連して心理的安全性やインクルーシブといった言葉も目にするようになってきたのだろう。しかし、そうした場にしたいのであれば、学校や教室という場が、それらとは相反する原理で成り立ってきたことを今一度確認しておかないと、先生たちに重荷を背負わせるだけだ。

　とはいえ、ちょうど2022年には150年を迎えた日本の近代学校教育システムが、今日、明日で全く新しいシステムに取って代わることは想像しにくいし、社会的ニーズとしてもそこまで否定的ではないだろう。だから、今必要なことは、場を組み替えていくことではないだろうか。強制力や暴力を排除して、本当にインクルーシブで、個別最適で、心理的安全性が確保された学びの場としての教室とはどんな形になるのか。もちろん、全国で少しずつそのチャレンジが始まっている。そうしたことがもっと共有され、少しずつで構わない。机と椅子の位置を少し変えてみることでもいい。たまに学校を休むことを認めてもいい。時間割を少しフレキシブルにしてみることでもいい。どうやって組み替えていくかを議論するだけでもいい。

　私たち大人も傍観者ではいられない。当然、システム変更にはお金がかかるし、人手も必要だ。学校や先生、教育行政の責任にするだけでは変更は無理だろう。彼ら専門家にどんなことを依頼していくのか。学校という場の組み替えにどう参加していくか。コストをかけることに同意するだけでもいい。たまに学校の活動に参加するだけでもいい。そんな「少しずつ」の大人の動きが、大きな場の組み替えにつながるのではないかと思う。

参考文献
* 苅谷剛彦『学校って何だろう』1998年, 講談社, 2005年, ちくま文庫
* ディヴィッド・ハミルトン著, 安川哲夫訳『学校教育の理論に向けて - クラス・カリキュラム・一斉教授の思想と歴史』1998年, 世織書房

ふたい・ごう　1976年、新潟県生まれ。愛知教育大学大学院教育学研究科修士課程修了後、学事出版へ。主に月刊誌「月刊高校教育」を担当するとともに、高校関係を中心に書籍編集にも携わる。主な編著書に『もし「未来」という教科があったなら』（学事出版）。

学校内の場づくり、外とつながる場づくりって、なんだろう

今回のテーマは「場づくり」。学校という物理的な場があるからといって、「学ぶ場」ができているとは言えない。教員と生徒、生徒同士、そして教員同士がお互いに認め合い、共に「場」をつくっていくにはどうしたらよいのか。そして、ときには学校の外とつながる「場」も必要だ！　「場づくり」について、編集委員たちがとことん考えた。

■編集委員（学びビーイングサポーター）

河口竜行
和洋国府台女子中学校高等学校 教諭（国語）

木村 剛
静岡雙葉中学校・高等学校 教諭（理科・生物）

法貴孝哲
清真学園高等学校・中学校 教諭（数学）

皆川雅樹
産業能率大学経営学部 准教授
元私立高校教諭（地理歴史・日本史）

米元洋次
産業能率大学経営学部 講師
合同会社 Active Learners 共同代表
元私立高校教諭（英語）

司会：**安 修平**（りょうゆう出版）
記事構成：**本郷明美**

場とは、一人ひとりがつくるもの

安◆第3巻のテーマは「場づくり」です。教員だけでなく、多彩な方々からたくさんの原稿をいただきました。当初は、生徒の「場づくり」を考えていたんですが、「教員の場づくり」を書いた方がとても多く、私にとっては意外でした。また「安心、安全の場づくり」というテーマも多かった。まず、編集委員の皆さんに、原稿への感想、問題意識などを語っていただきたいと思います。

木村◆授業というのは1年間のストーリーだと思っています。その時間を共有する場をどうつくっていくか、慎重に考えて授業をつくっているつもりです。スペシャルゲストが一度きりおもしろい授業をするのは簡単ですが、私たちは連続した学びの場の中で過ごす、「時間のつくり方」というようなものを段階を踏んで築いていく必要があると思っています。

　大事にしているのは、学校は「間違えてもいい場」だということ。例えば、授業を見学すると、生徒を指名する時、明らかに「正解を求める指名」だなとわかることが多い。そういう授業では、その生徒が、「正解を出さないと恥ずかしい」

となってしまいますよね。指名されて、「あなたはどう考えてる？」ではなく、「この答えは？」と聞かれると、学校は「間違えてもいい場」のはずが、そうではなくなってしまう。

河口◆私も、1年、3年、6年、いろんなタームで時間をかけて場をつくっていくことを考えています。木村さんの話のように、「間違ってもいい」という雰囲気づくりは大事にしています。ただ、クラスメイトがみんな仲良しである必要はないと思います。私は「チーム」という言葉は、内と外を線引きしている気がして使いません。チームでもない、仲良しでもないけれど、一緒に「これを学ぼう」という時、スッとお互いを認め、学べる。そういう学び、経験を繰り返していく中で生徒が成長していく。そんな「場」をつくれるようになるのが目標です。

米元◆河口さん、木村さんのお話はつながりますよね。場づくりというのは、必ずしもみんなが仲良くなることを指しているわけではない。教室というのは、そもそもいろんな人たちがいる場であって、合う、合わないはあっていい。ただ相互に認め合える前提をつくることですよね。今回、多くの原稿に「安心安全の場づくり」、「場への安心感」というキーワードが出てきました。裏を返せば、教室が今まであまりそうした場ではなかったということか……。それは学校が、ある種の同質さが求められる、問いに対して1つの答えを探す「場」だったという

要素があるからではないかと思いました。

法貴◆場づくりの「場」というのは、そこにあるものではなく、そこにいる一人ひとりがつくりあげていかなきゃいけないものだと思うんです。

自分も含めて、教員の悪い癖ですが、「平等」を追い求めすぎるところがありますよね。けれど、当たり前ですが、生徒はそれぞれ違います。その違いを教員が受け止めた結果、生徒一人ひとりも、「教員が自分のことをわかってくれている」と理解する。その上で、「この場をもっとより良くするにはどうしていこう」と考えながら、教員も生徒も一緒に組み立てていけるといいのかなと思うんです。

米元◆安心安全な場を先生が仕立て上げるのではなくて、生徒も関わってるということですよね。

法貴◆授業の学びは、結局生徒のものであって、オーナーシップは生徒が持たな

チームでもない、仲良しでもないけれど、一緒に「これを学ぼう」という時、スッとお互いを認め、学べる。そんな「場」をつくれるようになるのが目標です

かわぐち・たつゆき
和洋国府台女子中学校高等学校教諭（国語）。産業能率大学兼任講師・キャリア教育NPO "JSBN" 運営メンバー。

ければならないですよね。その中で、「私は、これはいやだ」という子がいた場合、じゃあ周りの子はその子にどう声をかけたり、接すればいいんだろうという点も考えながらやるのが、場づくりとして大事なのではないかと。あとで参加したくなった時、自然に入れてあげる空気感ができていればいいのかなと思います。

河口◆アクティブラーニングという言葉が出始めてからだいぶたちますが、みんな同じようにワイワイ元気にさせなきゃいけないと誤解している人もいまだに多い。でも、そんなことはないですよね。

木村◆プロジェクトアドベンチャー（PA）的に言えば、自分自身がコンフォート、ストレッチ、パニックのどの状態にいるのかがわかって「チャレンジバイチョイス」できるような状態をつくるのが「場づくり」なのではないかと。そして、その場で「選ばない」という選択肢もある、ということなのかと思います。

「場」というのは、そこにいる一人ひとりがつくりあげていかなきゃいけないもの。「この場をもっとよくするには」と、教員も生徒も一緒に組み立てていけたらいいと思うんです

ほうき・たかあき
清真学園高等学校・中学校教諭（数学）。東京書籍高校数学教科書編集委員

参加したくない生徒をどうするか

河口◆木村さんの「チャレンジバイチョイスできる」というのは、授業の内容そのものを拒否することも含まれるんですよね？　教員が、「授業の内容、テーマに完全に乗ってこない子がいても認める」と言ってしまっていいのかなとちょっと疑問が……。

木村◆僕はいいと思います。全授業すべてがんばれ、というのは無理です。

河口◆その生徒が、拒否しているつもりだったのに、気づいたら授業の内容を考えていた……という状況に持っていくのが、場の力だという気もするんですよ。

木村◆皆川さんも参加しないを「認める」と言ってましたよね？

皆川◆今の話を聞いていて、学校自体がその人にとってホームか、アウェイかということがあるのかなと思いました。学校自体をアウェイだと思っていれば、何に対しても反感を持つんだと思います。それは、学校全体の問題ですよね。ただ、教員ごと、授業ごとに濃淡がある、色がある状況だとすれば、生徒たちは、この授業はホーム、この授業はアウェイというように、それぞれに佇まいを変えているわけです。彼らは、同じ学校の中にいながらも、常に境界を超えているような状況が生まれる。つまり、場によってふるまいを変えているのなら、その中で実は学びが促進されている可能性もあるのではないかと思うんです。それが全部フ

ラットになっちゃうと、何の学びもないのではという危機感を持ちます。

米元◆目の前で、生徒、学生がそういう態度、参加の仕方をしてた時に万能薬的な解決策はたぶんないですよね。一授業運営者としては、当然教材研究と授業づくりに力を入れるわけですけれど、大切なのは、目の前でそういう態度をとっている学生、生徒がいた時に、「どうしてだろう？　たまたま調子が悪いかもしれない、学校に対する不満があるかもしれない、友達とうまくいってないかもしれない」と、その背景に思いをはせることではないかと思います。

法貴◆目の前の生徒の状況が、他の場では全く違う時はあるんです。自分の授業では無気力な子が、「この子はすごくがんばりますよ」という話を他の先生から聞く。どうしてその時間はがんばれるのか、と思いをはせる。授業だけじゃなく、課外活動や休み時間などもありますよね。「場」が、教室、授業の中だけでないところが学校のいいところだなと思います。

安◆目の前の生徒に多少違和感があった時、それをすぐに解決しなきゃいけないわけではない、と。手放すような感覚なんでしょうね。

河口◆皆さん、それは前提になってるんじゃないでしょうか。例えばグループワークに疲れたら黙って考えている時もあっていいし、人の話を聞いてるだけでもいいだろうと思うんです。

連続した学びの場の中で過ごす、「時間のつくり方」というようなものを築いていく必要があると思っています。大事にしているのは、学校は「間違えてもいい場」だということです

きむら・ごう
静岡雙葉中学校・高等学校教諭（理科）。ICT推進室室長。神奈川県学校野外活動研究会理事。

外に開かれることの意味

安◆今回「場」ということで原稿をお願いしたのですが、外とつながった時に生徒が違う力を発揮した、相乗効果ですごく成長したということを書いてる先生も多かったんです。皆さんも、そういった体験はありますか？

木村◆それはありますね。授業で飼っているミツバチの巣箱に麻袋が必要なんですが、いつももらっていた近所のコーヒー屋さんが閉店してしまいました。生徒たちに、新しいコーヒー屋さんを探しに行かせたんです。だいぶ苦労したようですが、もらうことができて、収穫したハチミツを持って御礼に行って来たようです。こうやって新たに社会とつながるという文脈で言うと、我々も同じだと思うんです。サードプレイスというか、家と学校の往復以外の場で、いつもと違う人とつながることの価値を、私は大事にし

生徒たちが、授業という「場」によってふるまいを変えているのなら、その中で実は学びが促進されている可能性もあるのではないかと思うんです

みながわ・まさき
産業能率大学経営学部准教授。博士（歴史学）。元専修大学附属高校教諭（日本史）。

たいと思っています。

皆川◆サードプレイスになるような場所というのは、ストレッチゾーンなわけです。今の話は、学校がある程度コンフォートゾーンになっていることが前提ですよね。だから、生徒たちは外のストレッチゾーンに出て学んでこられる。でも、場合によっては、学校がパニックゾーンで、外に行くことがストレッチゾーンに戻ってくるみたいなこともあるかもしれない。学校という場自体に不安や不満があって、外に行くことで力を発揮することも、ままあるのかなと思います。

法貴◆よくも悪くも学校って「箱」のイメージですよね、箱の内側。自己肯定感が下がってしまって、自分は何をやればいいんだろう、という子が、外に出てみると生き生きとして、自分がやりたいのはこれだったんだと持ち直す。そういう子を何人も見てきました。学校が「箱の内と外」を区切りすぎていることに問題

があるのかな、と危惧しています。

木村◆だから今、「開かれた教育課程」と文科省も言ってるわけですよね。

法貴◆社会に開かれた学校と言ってるけれど、たぶん「学校も社会だ」ということが根本でないかと。

河口◆教員が閉じちゃってたら、生徒はなかなか外に出て行かないですよね。外とつながったほうがいいか悪いかより、「出て行ったほうがいい」を前提で考えます。あとはどうやったらいいんだろうということですね。

安◆だからこそ、さっきも話に出た教員同士の場づくり、教員もコンフォートゾーンから多少ストレッチすること、という話になるのかなと思うんですが、どうでしょう？

木村◆出て行くことに価値があると思っていない人、学校というコンテンツですべてまかなえると思っている人には、そもそも選択肢がない。出たことがないから出ることの価値がわからないんです。

皆川◆出た体験がない、リスクがあるらいや、などという以前の話なんですね。

河口◆教員同士の場づくりについて、米元さんはプロとしていかがですか？

米元◆目の前の生徒に、もっとこうなってほしい、本当はこういう力を身につけさせたい、という思いは共通することが多い気がするんです。ただ、全員同じ方向を向いて力を合わせて、とはならなくていいんじゃないでしょうか。

　教員同士の場づくりでは「生徒につい

ての捉え方を言語化する」ことを、最初のステップとするのがいいと考えています。学校で研修をする時は、まず「先生方で話しましょう」という時間をとります。生徒にどうなってほしいか、という思いを言葉にして、みんなで共有してもらうんです。すると、共通点もあるし違いもある、ということに気づく。少なくとも「他の先生も生徒のことを思っている」という原点に立ち返れると、次のステップに進めるのではないでしょうか。

木村◆私は以前定時制高校にいたんですが、迫ってくる問題に対してなんとかしようとするから、教員同士対話もするし、仲が良かった。ところが落ち着いた学校では、問題がないからあまり話をしない。繁盛している商店街の商店主と同じで、となりと仲良くしなくても商売がうまくいくから話をしないんです。

米元◆問題が迫っていて、「このままじゃ危ないぞ」となると、話もしますよね。逆に、「このままで何が悪い」という学校にこそ意図的に対話の場をつくっていく必要があると思います。先生方が話す場をつくり、さらに、そこに外の人に来てもらうと、調味料というか、アクセントになるかもしれないなと思います。

河口◆木村さん、教師が個人商店化するというのは公立の特徴なのか、私立でも感じますか？

木村◆私立でもめちゃめちゃ感じます。安定していて困らないから、黒船が来ると言っても「黒船なんかねえよ」とい

う感じ（笑）。

学校の外だからこそできること

安◆今回は多くの教員以外の方に原稿を書いていただきました。学校の「外」の方とつながる意味についても伺いたいと思います。米元さんご紹介の原田謙介さん（P86）は、学校に主権者教育の出前授業をしている方ですね。

米元◆原田さんは、学校に関わって、先生との関係性をつくってヒアリングし、授業展開を提案する、学校寄りの感覚を持たれている方だと思います。

安◆ご自分の授業の意義について、「日常を荒らすのではなく、日常に刺激を与えるために授業準備を細やかに行うことが大事だ」と書かれてます。荒井佑介さん（P70）は、いわゆるホームレス支援、子どもの貧困などを支援するNPO法人の方です。

米元◆学校は学校として「場」ではあるけれど、その学校に合わない人もいるのが自然です。そこからこぼれた時にも受け皿があるべき、という視点は大切だと思います。そして、教員はそういう場があることを知っていたほうがいい。荒井さんの「学校だけで解決しなくていいじゃないか、私たちだって手を貸したいし、地域にそう思う大人はもっと多いはず」という文章は印象的です。外の人だからできるアプローチの仕方があります。

安◆このお二人は、学校に近いところと遠いところの対照的な例だと思います。

そして、今回は、学校を辞めて、あるいは定年後に、さまざまなかたちで、教育に関わっている方の寄稿もありました。

法貴◆自分が本当にしたかったことが、学校の外に出たほうができる場合もある、という時代になっていますよね。教育はもう学校だけのものじゃない。自分がしたいことは学校でできるものなのか、出たほうができるのか、というところから選択していいのだと思えます。

安◆ご自分で塾を立ち上げた、「外」の経験のある河口さんはどうですか。

河口◆自分が「外」であったり、「中」であったりやってこられたのは、ありがたい経験だと思います。

木村◆外とつながる価値としては、異質性をうまく使って、組織に当たるインパクトファクターとして使えるというのも、ひとつですよね。生徒はみんな学校を出たら外に出て行くわけですから。ただ、生徒も教員もカリキュラムオーバーロードで全員疲弊してるので、外とつながる余裕がない。そこをなんとかするのが一番大事なことなのかなと思います。

新しい学びの場をつくりだすために

安◆先日あるオンラインセミナーに参加したのですが、テーマのひとつが学校内の先生の閉塞感でした。同僚である教員同士の場づくりの難しさを感じました。

米元◆法貴さんは、以前「期待しない」とおっしゃってましたね。「自分は、あくまでもこう考えてこうするけど、みんなでやろうよというアプローチはやめた」と。たしかに、周囲に期待しすぎるのも限界があるのではと思います。

法貴◆その後、考えたんですけど、僕は自分と違う意見を持ってる人が、嫌いじゃないということがわかったんです（笑）。今は、相手のバックグラウンドにも思いを巡らし、「僕はこうやっていきますから、もしじゃまになるんだったら話し合いましょう」という感じです。

ともかく、その「場」が何を目指すのかというところを大事にしていかなきゃいけないと思います。ゴールなのか、コンセプトなのかどちらでもいいんですが、「この場で最終的にはどこに行くのか」という部分だけブレないようにする。その途中過程は、それぞれ選択をしながらやっていけばいいかなと。学校、あるいは学校に限らず、その「場」は、一人ひとりにとってのものだということを大事にしていけるといいなと思います。

米元◆場づくりの話というのは、アクティブラーニングでまず教師がアクティブラーナーになろう、探究でまず教員が探究的な学び手になろうという、まず教員自身が「学び手としてのあり方」に自覚的になることととても似ていると思いました。場をつくるのも、生徒の場をどうするというよりは、まずは教員がどういう場を教員同士でつくるか、その場で自分が当事者としてどうあるかというようなことと関連している。例えば外に出るということについても、自分が外に出

教室というのは、そもそもいろんな人たちがいる「場」であって、合う、合わないはあっていい。ただ、相互に認め合える前提をつくることが大事です

よねもと・ようじ
産業能率大学経営学部講師。合同会社 Active Learners 共同代表。元専修大学附属高校教諭（英語）。

る、当事者になるということがいかにいろんなことの可能性とつながってくるかということですよね。要は、自分がどうあるかということだなと感じながら、話を聞いていました。

皆川◆私は、大学でコミュニケーションの方法の授業を持っていて、そこで学んだのは、子どもたちもですが、教員がもっとコミュニケーションスキルを身につけたほうが良いという大前提です。特に、フラットな関係で、どうコミュニケーションをとるかということについて考え直す必要性があると思います。教員は、常に子どもたちの前で「上にいる存在」としてコミュニケーションをとる。これは実はコミュニケーションではないんです。そのために、結果的に、学校がすごく閉鎖的な社会になっている。では、フラットな関係で本来のコミュニケーションをとれるかというと、多くの教員はどうしたらいいかわからない状況にあるのではないかと。まず教員のコミュニケーションの取り方を、スキルレベルできちんとやらなくてはならない。今日の話を聞いてあらためて思いました。

木村◆教室での場づくりはマネジメントができるけど、教員同士は、プレイヤー同士だからマネジメントしづらい。マネジメントする管理職、教頭とか校長の役割は大きいですが、なかなか難しいですよね。だから、プレイングマネージャーになる人がいれば、いい職場にできる可能性が高いのではないかと思いました。

河口◆学校だけではなく、日本の会社、社会というのは年長者が「オラオラ！」なんですよね。もちろん私は大嫌いなんですけど。今皆さん一人残らず話題にされてましたけど、上から生徒を見るし。教員同士も年齢が上の者は当然上だとか、経験が上だとか、長くその学校にいるから上だとか、などという部分から逃れていかないといけない。外に出る、対話を増やすというところの根底にあるのは、結局「ビーイング」、あり方なんだなと思います。次の４巻にもつながる話ですが、結局何をするかよりも「どうあるか」に帰結するのかなと思いました。

安◆今回は「場づくり」をテーマにしましたが、学校や教室という場は、当たり前にあるのではなく、特別な環境だと自覚するのがスタートだと思いました。そして、一人ひとりの「あり方」に戻ってくるのだと。ありがとうございました。

木村剛の生物基礎、総合的な探究の時間

講義時間は少なく、
学ぶ姿勢を身につけてほしい

『学びとビーイング』の編集委員・編著者は、実際はどんな授業をしているの？　そこにはどんな狙いがあるの？　そんな読者の声にお応えしました。今回は、木村剛編集委員の「生物基礎」と「総合的な探究の時間」を見学します。

■見学した授業　見学日：2023年5月12日（土）

◆1コマ目（2限 9:35〜10:20）

教科	**理科（生物基礎）**
実施学年	高校1年
単元名	生物の多様性と共通性　細胞と生物
クラスの様子	中高一貫校なので、4年目を迎える生徒たち。この学年は入学時がコロナ元年。本時が今年度5回目の授業であり、授業の中での関係性を構築する初期段階で、お互いに硬い。

基本的な学習の流れ

導入（5分）	前の時間の振り返り	Cラーニング
展開（35分）	教員の説明、ペアワーク	Googleスライド
振り返り（5分）	本時の振り返り	Cラーニング

◆2コマ目（2・3限 9:35〜11:15）

教科	**総合的な探究の時間**
実施学年	高校2年
授業の概要	「生命科学コース」の2回目の授業。51名の生徒が14グループに分かれて各自で決めたテーマに沿って活動している。土曜授業が隔週のためこの日が新学年2回目の授業。6人の教員で連携しながら指導している

生命科学コース　5月時点でのテーマ一覧

1	ザ！雙葉 !DASH!!	8	緊急時に作れる保存食
2	花で魅せる雙葉の魅力	9	コーヒーの粕の再利用
3	音楽療法を広めたい	10	保存可能な金属樹
4	化粧品による肌の鎮静効果について	11	助かる命を助けるために
5	サイエンスカフェから考える理科離れ	12	靴底
6	松葉で堆肥、美味しい松葉茶作り	13	酵素を利用したレシピ作り
7	環境に優しいアロマストーン作り	14	人の距離感と快・不快の関係性

◆静岡雙葉中学校・高等学校
創立120年の歴史をもつ高校募集のない完全中高一貫の私立女子校。設立母体はカトリック女子修道会「幼きイエス会」。キリスト教の教えにもとづく「高く、深い知性と精神性を備え、自立した女性」を育てる。卒業生のほとんどが進学し、国公立大学、首都圏・関西圏の難関私立大学への進学者も多い。一学年150名（4クラス）で、地元ではこぢんまりした落ち着いた穏やかな学校という評判。JR静岡駅からほど近い駿府城公園のお濠端に建つ。

シンク・ペア・シェアの学び
【生物基礎】

木村剛

静岡雙葉中学校・高等学校 教諭

　授業の導入は前時間の振り返りから。振り返りにはＣラーニング*を使用。前の授業で重要だと思った言葉を確認。ワードクラウドを使うことにより、視覚的にもキーワードが強調され授業内容について思い出すきっかけとしている。

　続いて、前時間の最後の５分の振り返りで入力した①今日の授業でできたこと、②面白いと感じたこと、③考察・疑問・感想について、全体で共有。良い気付きや学びがあったコメントや、鋭い考察、疑問に関して「いいね」をつけ、さらにコメントや足りなかった説明などをする。

　毎回の授業の最後に上記の３つのポイントについてその日の学びを時間内に振り返るが、この５分が大切な時間だと考えている。生徒たちはノートを見直したり、教科書や資料集などを見返しながら入力している。振り返りを最初と最後にそれぞれ５分ずつ取ると合計10分。勤務校は45分授業なので、生徒たちがその日の学びに向き合う時間は35分となる。

　この35分というのは意外と短い。その時間を通して、本時の目標に到達する学びができるかを考える。基本的な授業展開はシンク・ペア・シェア（Think-Pair-Share）をベースにしている。インタラクティブな学びを進めるにあたって、１年を通した授業の初期である５月初旬ではシンク・ペア・シェアの繰り返しで安全・安心の学習環境の土壌を醸成している。シンク・ペア・シェアでは問いがポイントであり、授業スライド作成時には授業者として何を問

回答1	①動物と植物の細胞の違いを知れた。 ②細胞壁があるから植物は動きにくい。 ③絶対、核はある。核についてもっと知りたい。
回答2	①菌は植物ではなく生物である。 ②そこまで植物と生物には細胞の観点から見ると差がない。 ③どうして細胞から見るとそこまで差がないように感じるのに、見た目はあんなにも違うのか？
回答9	①真核細胞の動物と植物の違いと共通性が理解できた。 ②人には37兆個も細胞があり、真核細胞と原核細胞があるということ。 ③人の中で細胞がどうなっているのか。
回答13	①原核細胞、真核細胞の違いと特長、動物細胞と植物細胞の違いと特徴を理解できた。 ②原核細胞のDNAが環状になっているところ。 ③植物細胞の細胞壁と原核細胞の細胞壁は全く別のものといってたけれど、どのように違うのか。
回答21	①原核細胞、真核細胞、動物細胞、植物細胞の違いを理解できた。 ②戦争やお金を目的に望遠鏡などが発展していったということ。 ③感情の有無も細胞の違いからきている？
回答25	①真核細胞と原核細胞の違いをほとんど理解できた。 ②原核細胞のDNAは、環状のものがほとんどだということ。 ③復習をしっかりやって、小テストをやり直そうと思います。
回答26	①生物と動物の細胞の構造が理解出来た。 ②細胞モデルのそれぞれの違ったこと。 ③原核生物の５個の特徴を調べたいと思った。

振り返り　入力されたコメント例

いたいのかを推敲している。説明してしまえば済むことを問いにするのには頭を悩ましている。

　ここ数年は基本的に板書はやめ、Googleスライドを使用している。KP法（紙芝居プレゼンテーション法）を使うこともある。そのどちらにも共通することは生徒に背中を向ける時間がほとんどないということである。また、作成時に思考の整理ができるので、展開を想像しながら組み立てられることも大きな利点である。そのスライドはGoogleクラスルームで共有しており、必要であれば随時資料を追加したり変更をしている。Googleスライドはリンクの共有なので変更がすぐに反映されて重宝している。

　正味30分で生徒たちがどう学ぶのかをデザインすることはとても楽しい。主体的・対話的で深い学びを実現するための授業デザインの探究は続く。

教員の連携、予算確保が重要
【総合的な探究の時間】

　本校ではコース制という名称で「生命科学コース」「科学技術コース」「社会科学コース」「国際教養コース」の4つの領域で探究活動を行っている。私の担当は「生命科学コース」であり、51名の生徒を、私を含め6人の教員で受け持っている。今年の生命科学コースでは51名が14グループに分かれて各自で決めたテーマに沿って活動している。今回の授業は高2になってから2回目。高校2年生では総合的な探究の時間は土曜日の2・3時間目に設定されており、土曜授業は隔週のため、5月の中旬が2回目となった。この2コマの時間は基本的には、自分たちが考えながら、それぞれの活動をする。教員はメンターとして各チームを受け持ち、授業では、各グループの進捗状況を確認したり、壁打ち相手となったりしながら伴走している。

　現在取り組んでいる探究活動は1年間の取り組みで、来年2月の校内発表会がゴールである。また、生命科学コースでは校内発表とは別に外部発表にエントリーすることを課している。昨年度は「サイエンスキャッスル」「My Project Award」「ベネッセSTEAMフェスタ」を指定し、各グループが選択してエントリーした。「化学工学会学生発表会」で発表したグループもあった。今年も上記3つに「SDGsQUESTみらい甲子園」を追加した4つのどれかにエントリーすることにしている。外部発表にエントリーすることは非常に意義があると考えている。これまでも外部発表にエントリーすることは生徒たちにとって同年代の取り組みを見ることができ、刺激を受けられる非常に良い機会としてとらえていた。さらに昨年度の参加を通して、それ以外にもっと大切なことを学べる機会であると認識した。

　探究のサイクルにおける「まとめ・表現」に関して、発表するという行為自体は目

に見え分かりやすいのだけれども、生徒たちの内面の成長が見えにくい側面がある。その内面との対話を外部発表する際のエントリーシートが担ってくれるのだ。エントリーシートの記入で生徒たちが選択した大会の趣旨と、自分たちが行ってきた活動をすり合わせ、自分たちが何をやり、何を感じ、何を学んだかを言語化していく。この行為こそが「まとめ・表現」ではないかと感じている。外部発表のエントリーを生徒たちの成長の見取りの手立てとしている。今年の生徒たちも、そこで言語化できるような探究活動になるように、これからも伴走していきたい。

　探究活動を担当して３年目となるが、課題と感じていることを５つあげたい。

①ヒト

　科学的な探究となると専門的な知識を求められることが多い。したがって大学などの専門家や専門機関にコーディネートすることができるかどうかで生徒たちの活動の深さに差が生じてしまう。教員は基本的に保守的で、どうしても自分の専門知識から外れることに対して二の足を踏むことが多い。外部人材の有効活用は意外と難しい。

②モノ

　実験で何かを分析したいと思うと、学校にある機材では無理なことが多い。高校で揃えられる機材には限界がある。

③カネ

　これが一番の課題。現在進行形で必要なモノ・コトが発生する。学校予算は計画していたものに支出されるので、年度途中で自由に使える予算を持つことが難しい。

④場所

　実験や観察などを継続的に行おうとすると、実験室のスペースが足りない。普段の授業用実験器具であふれているので、それ以外の実験サンプルや装置を常時おいておく場所が足りない。

⑤時間

　本校では総合的な探究の時間を通年１単位の科目としているが、生徒たちの学校生活の中で継続的にどこまで探究活動に時間を使えるのか。授業時間内でできる活動には限りがある。部活動や生徒会活動がある中で、放課後の時間の使い方にどこまで教員が干渉できるのか。

　探究活動の担当者は「探究活動がどうあるべきかを探究する」。課題は多いけれど、やりがいのある科目である。

＊Ｃラーニングは、株式会社ネットマンが提供する学習支援システム

【授業の初めと終わり、5分間の振り返りが大切──高1生物基礎】

木村◆今日はありがとうございました。初めに少し説明すると、今日のクラスの授業は今年5回目。うち2回は実験でしたので、講義は3回目。まだまだ「場」をつくっている、ほんとうに初期という感じです。

皆川◆全員が中学からの内進生ですよね？

木村◆そうです。中2で一度担当しているので、ある程度下地はあるんですが、まだ硬いですね。

皆川◆Cラーニングを使って、授業の初めに前回の振り返りを5分、最後にも振り返りを5分。指示しなくても、生徒たちはiPadを使いこなしている印象でした。

木村◆焦らず、わからないことがあったら質問して、最終的にできるようになればいいと思っています。でも、私が担当したクラスは、iPadもCラーニングもみんな使いこなせるようになりますよ。

皆川◆CラーニングとGoogleのクラスルームを併用してるんですね。

木村◆はい、授業スライドはGoogleスライドで作成しています。

米元◆スライドを見せるとき、全部を見せるのではなく飛ばしたり、戻ったりしてましたが、あれは生徒に投げかける可能性のあるものをまとめておき、そこからセレクトしてるんですか？

木村◆私は4クラス受け持ってるんですが、流れはそれぞれ違うんです。事前にストーリーは考えておきますが、「ちょっとこの順番じゃないな」と思ったときは即座に変更したりしています。スライドづくりは授業展開を事前に考える、最初のポイントになってます。

米元◆アイディアの種みたいなものですね。今日は『イヴの7人の娘たち』という本の紹介もしてました。

木村◆生徒たちのコメントで「こんなことが知りたい」という要望があったら、それに合う本を紹介しています。

皆川◆授業が始まるときに前回の振り返りを5分、授業の終わりにその日の振り返りを5分しますね。どんなねらいですか？

木村◆授業の最後の振り返り5分は、自分の学びの整理ですね。まず、重要だと思った言葉を3つ、そして、①今日の授業でできたこと、②面白いと感じたこと、③考察、疑問、感想をCラーニングに記入してもらうんです。

皆川◆それは授業が終わったあとにやってもらってはだめなんでしょうか？

木村◆いいんですけど、生徒たちも忙しいし、授業中にやらせたい。間違ってもいいから、5分間で答えられる範囲で記入しましょうと言ってあります。授業のあとコメントに目を通し、おもしろい、鋭いなどと思ったものに「いいね」をつけておきます。そして、次の授業のはじ

まりの5分で生徒たちと共有するわけです。これをやると、全然違うんです。授業のイントロとして、前回とのつながりができる！　「いいね」をつけるので、「私、結構できるのかも」と生徒たちの承認欲求にも応えられるなど、副次効果もたくさんあるんです。学びに向かう力になると信じてやっています。

　手を上げるのは恥ずかしいけど、ICTって匿名性があるし、「なんでもいい、まず思ったことを書いて」と言っています。

米元◆今日の冒頭の振り返りで、「『推し』とご先祖様が一緒かもしれない」というコメントを紹介してましたよね？

木村◆はい、遺伝についてですね。

米元◆あれ、私はとてもいいと思ったんです。そうかもしれないし、そうじゃないかもしれない、広がりがあるイメージ。ああいうコメントを取り上げることで、木村さんの「なんでもいいから書いて」という言葉が生きてくるのではない

かなと思いました。

【 教師の「おもしろい」を織り交ぜる 】

皆川◆今日の授業で、「光学の歴史」についての問いがありましたよね。「16世紀に顕微鏡が発明され、17世紀に望遠鏡が発明されたが、その後望遠鏡のほうが発達するのはどうして？」という設問です。でもあれは今日の授業のメインではないので、三択や五択でよくないですか？　そのほうが早く進められるし、ほかのところに時間もとれる。

木村◆なるほど。いつも設問をどうつくるかには苦しんでいるんです。オープンクエスチョンと三択や五択を織り交ぜる、参考になります。

皆川◆そのほうが、木村さんがやろうとしている授業に近づける気がします。

米元◆目的と手段が一致するような気がしますね。

木村◆私が教材研究をしていておもしろいと感じるのは、ああいう話なので、生徒たちの関心もひくのでは、と取り入れたりします。

米元◆「これおもしろくない？」という感じで、木村さんの話がポンポンと入って来る。先生がはっとしたりおもしろがったりしたことを披露しているのが、先生のあり方の一種のメッセージに

なっているという印象でした。

法貴◆「おもしろい」って伝導しますよね。「この先生はこれがおもしろいんだ」と思うと、生徒の関心がそこからさらに広がることがある。学びが深まるきっかけになりますよね。

木村◆今日の生徒の振り返り、見てみましょうか。おもしろかったこと……「顕微鏡より望遠鏡が早く発達した理由」「望遠鏡が早く発達した理由を知れたこと」「戦争やお金を目的に望遠鏡が発達した」……やっぱりここはかなり感動したみたいです（笑）。

法貴◆授業内で、木村さんが説明する時間が意外に多かった印象です。

木村◆そう。まだまだ、どれだけ説明を減らせるかがテーマですね。言い訳ですけど（笑）、今の教科書の「発展」の内容は情報量が多くて。それを伝えようとするとどうしても説明が多くなっちゃう。課題の設定がうまくできるようになったら、いずれ自由進度的な学習にしたいですね。

皆川◆木村さんが「さあ、考えて」と言うと、生徒たちがすぐに隣の人とペアになってましたね。

木村◆今のところ、シンク・ペア・シェアのショートサイクルが基本です。「考えて」と言われたら隣の人とペアになってじゃんけんして、勝ったほうが質問をするということになってます。自由にペアを組ませたい気持ちはあるんですが、今のところ「隣の人」としています。

米元◆１年、３年、あるいは６年後、実現するかはさておき、大きい方向性として生徒に「こういう力を身につけてほしい」、そのためにやっているというキーワードはありますか？

木村◆一つは「協働」。問いや疑問があったら、すぐに「これはどういうことかな」と共有する関係をつくれる「協働学習」がとても大事だと思っています。

もう一つは「即時性」です。リアルタイムのリアクションを大事にしてます。その場で考えたことを出して、共有する。それはリアルの価値であり、教室でないと生まれないと思うんです。

目指すところは、課題を設定できて、個別に取り組むべきことがわかったら、生徒たちがすぐに勝手に動き出すという授業です。こうした力は教科に限らず、また社会に出てからも大切なものだと思います。

【　**生徒と共に先生も成長する
総合的な探究の時間**　】

米元◆前回の法貴さんの授業訪問のときも同じ質問をしたのですが、２つうかがいたい。「もっと生徒のこういう力を育てていきましょう」「授業がもっとこうなったらいい」と木村さんと同じような感覚を持ってる同僚はどれくらいいるか、ということが１つ。それから、これからの学校のあり方、授業のあり方について同僚と話をするチャンスは日頃、職場でどれくらいありますか、が２つ目です。

木村◆話し合う機会はあまりないんです。ただ、若手の多くは私と同じように授業をよくしたいと「欲している」と感じます。だから、いろいろな機会をつくることが、私のすべきことではないかと考えています。

今日の2コマ目に見学してもらった「総合的な探究の時間」の「生命科学コース」は、生徒が高1のときから私を中心に進めているんですが、51人の生徒を教員6人で担当しています。私が生徒たちに話していること、授業中に「そういうことが大事だよね」と伝えることは、半分は同じ教室で見ている教員に向けてやってるつもりなんです。

安◆生徒たちはグループに分かれてそれぞれの課題に取り組んでいて、先生は付きっ切りというよりは、質問されたらアドバイスをするという感じでしたね。

木村◆総合的な探究の時間では、これからの時代を生きていくために必要と思われる力を育成するということを前面に押し出しています。生命科学の課題設定などは極端に言えばどうでもいいと思っていて、生徒同士で「どうする、どうやったらできるかな？」というやり取りを通じて、汎用的スキルと言われているものを、探究活動のなかで育成したいと思っています。

そういう意味で「探究」は、米元さんの言う「もっと授業をこうしたいよね」を私たち教員が共有する機会、価値観を共有する場になっているのかもしれません。

米元◆多くの先生方が変化しようとしているわけですよね。

木村◆「昭和の時代」で留まってしまっている人もいますが、全体としては確実に変化していると思います。「生命科学コース」でやっていることは汎用性があるから「うちのコースだけじゃなく、これは全員やったほうがいいよね」「もっと下の学年でもできそうだね」とみんな言い出しているので、進めてきてよかったと思ってます。

公立から私立に移って3年ですが、公立校の教員に比べるとこの学校の先生たちは、年代に関係なく、目の前の子たちをなんとかしたいという気持ちが強いと思います。授業改革の波が、トップダウンじゃなくて、ボトムアップで広がっていくといいなと思ってます。

＊授業見学・振り返り会参加者
　法貴孝哲、皆川雅樹、米元洋次、安修平

授業後ディスカッション構成：本郷明美

めがね先生の学校のシンソウ日記③

福岡市立中学校 教諭
技術科
辻 さやか

教員として、人間として、Beingを探す旅の途中。

教員を増やせばいいのに

五年前から言われている教員の長時間勤務

そんな中各自治体がやってくれたのが…。

悩みを抱える子の相談に、スクールカウンセラー配置

9:00〜16:00 お悩み相談受けつけます

報連相の時間はいつ？

	月	火	水	木	金
1	3-3		2-4		2-5
2	2-1		2-5	2-4	2-2
3		2-2		2-3	
4	2-3	2-1	3-3	3-3	2-3
5	2-5	3-3	総	2-2	学
6	2-4		総		2-1

※空きコマは欠員補充

クレーマー対応はこちらに、スクールロイヤー派遣

先生方を応援します.

書類作成が煩雑すぎる

先生の健康守ります.ストレスチェックとカウンセリング

勤務時間内で仕事終わらせられなくて…

他の人に任せられる仕事は振りましょう.

一コマ目に戻る

絶対評価で何のバランス?

入念に準備して 子どもたちが食いつく 授業をする

できなかった子どもたちには 丁寧にサポートする

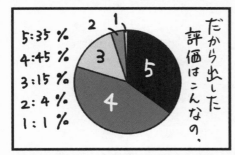

だから出した評価はこんなの、

5:35 %
4:45 %
3:15 %
2:4 %
1:1 %

ちょっと評価が 甘いんじゃないの?

←頭

めがね先生から
ひとこと

世の中には、一つひとつ見るとおかしなことではないのに、鳥の眼で見るとそこにいる人たちを困らせることってありますよね。絶対評価も周辺人材の採用も悪いことではないはずなのに、いざ実現するとどうもうまくいかない。どんな「世界」を目指しているのか、そこから話を始めないと、なんだか違った方向に行ってしまいそうです。

つじ・さやか 先生が楽しそうだと子どもは安心します。笑う門には福来る。愉快に働く先生を増やしたくて、マンガを描いています。

人生100年時代
還暦からの教員生活のために ──── Ⅲ

「助けて」と言えるリーダーシップ

和田美千代

福岡大学人文学部 教育・臨床心理学科 教授

1 校長着任2日目の「オンライン学習宣言」

　「先生方、オンライン学習やりましょう。生徒たちの学びを止めないために知恵を絞ってください」。

　コロナ禍による福岡県の緊急事態宣言下、学校休業延長決定を受けて、2020（令和2）年4月2日の夕方、私は職員終礼で呼びかけた。福岡市立福岡西陵高校に校長として着任して2日目のことであった。

　翌4月3日金曜、レジュメ無しの校務委員会が開かれた。副校長がファシリテートしながら、各分掌、各学年の主任が列挙する「当面解決すべき課題」を書きだしていく。すぐにホワイトボードがいっぱいになった。それを優先順位の高い方から、校務委員が対策を話し合い、当座の目途をつけていく。着任3日目の校長として私はこう言った。「オンライン学習の進め方について、各部の長に全権を委任します。私は着任したばかりで、西陵生のことは先生方の方がよくご存知です。いまの状況下、各学年教科の先生方が西陵生にとって一番良いと思うことをやってください。お任せします」。

　オンライン学習についての各学年教科の要望はすべて教務主任に集約され、土日を挟んで、4月6日月曜日の職員朝礼にはビデオ会議システムZoom（以下Zoom）を使ったオンライン学習の時間割案が示された。たった3日でできたオンライン学習システム、まさに福岡西陵高校職員の神業だった。

　翌4月7日、教育委員会の会議室と福岡西陵高校とをZoomでつなぎ、生徒役の市教委幹部の前で、福岡西陵高校がやろうとしているオンライン学習を実演した。Zoom初体験の市教委幹部からはすぐにオンライン学習のゴーサインが出た。翌4月8〜10日は生徒とのオンライン二者面談と職員研修。二者面談は新しいクラス担任と生徒の「初めまして」である。初めて画面越しで生徒とつながった日、職員室が明るい笑い声に包まれ、先生たちが元気になった。

二者面談をしていると、保護者の方も画面の中に入ってこられて三者面談になったりしたが、保護者の方からもオンライン活用は大変喜ばれた。そして４月13日月曜日にはオンライン始業式をし、その様子が全国メディアで紹介された。

2　校長のトップダウンと職員のボトムアップ

　なぜこんな怒濤の動きが可能だったのか？　それは天の時・地の利・人の和のタイミングが揃ったとしか言いようがない。

　天の時は2020年がコロナ禍であったことである（コロナ禍を天の時に例えるのは、抵抗があるが）。2020年２月27日、安倍首相は全国の小中高校、特別支援学校に３月２日から春休みまでの臨時休校を要請した。前代未聞の突然の学校休業。この非常事態、どうやって乗り切ればよいのか？　職員に解決すべき課題が突き付けられていた。

　地の利は福岡西陵高校が、福岡市が設置する市立高校であったことである。福岡市はICT教育に力を入れていて、2018年から福岡西陵高校にWi-Fi環境、プロジェクター、職員一人一台iPadのICT環境を整えていた。

　人の和は福岡西陵高校職員の「生徒の学びを止めるな」という想いの結集である。ICTに詳しい吉本悟先生を中心に先生方が素晴らしいチームワークを発揮し、学校休業が決まった３月には、既にZoomを使って終業式や合格者説明会を試みていた。

　こういう条件が揃っていることをわかっていたからこそ、４月２日学校休業の延長が決定した時、校長の私は「オンライン学習」を決断したのであり、この未曽有の困難を解決するために、職員は「オンライン学習」実現に立ちあがったのである。

　校長のトップダウンと職員のボトムアップが、がっちりと握手をしたからこそオンライン学習は誕生したのである。

3　ICTに疎い校長

　コロナ禍の中、全国の学校に先駆けてオンライン授業にゴーサインを出した校長と聞けば、読者の皆様は、私のことをICT達人校長と思われるだろうが、事実は全くその逆である。使えるのは、マイクロソフト社のワードとエクセルとパワーポイントという福岡県立学校の教職員としてはごく平均的なレベルだった。ところが2015年４月（コロナ禍の５年前）福岡県教育センターの教育指導部長の職に異動となり、県立高校にアクティブラーニング（以下AL）を普及啓発する任務を負うことになった。普及啓発の前にまず自分がALについて学ば

なければ仕事が始まらない。当時は藁にも縋る思いでALと名の付く研修会・勉強会に出かけて行った。その中の一つに山口県で開催された産業能率大学主催のセミナーがあり、講師は『アクティブラーニング入門』(産業能率大学出版部、2015年)を出版されたばかりの小林昭文先生であった。その会場で偶然同じテーブルになった山口県立高校の教員の松嶋渉先生からオンラインでも同様の講座があることを紹介された。

　数日後、参加しようとしたところ、ICTに疎い私は、送られてきたURLをクリックしてもアクセスできない。講座主催者の田原真人さん(当時「反転授業の研究」代表者)を電話でテクニカルサポートに1時間独占して、やっとオンラインセミナーにつながった。

　しかしそれだけ苦労して参加した甲斐があった。学校でも自宅でもない、オンラインの時空間に学びの場があった。交通費も移動時間もかからない。私はリアルの学校がオンラインにとってかわられる日が来るのではないかという恐れさえ抱くほどの大きな衝撃を受けた。そのオンラインセミナーには世界各地から受講者が参加し、対面のセミナーに劣らない内容が展開されていた。

　オンライン講座の魅力にはまり、立て続けにいくつかの講座を受講した。そこで使われていたのがZoomだった。私が参加したオンライン講座は幸運なことに日本で初めてZoomを使ったコミュニティだったのだ。諸講座の連絡用にフェイスブックも教えてもらいながらなんとか使えるようになった。

　オンライン講座の内容は面白かったけれど、正直に言うと、私は講座メンバーの中で一番の足手纏いで、みんなの学習進度を遅らせている「困った生徒」だった。動画作成講座はアップル社のiMovieを使って行われるのだが、PC上にはマイクロソフト社のソフトしかないと思い込んでいる私は、アップル社とマイクロソフト社のソフトに互換性がないのが不思議だった。講座の終盤、テレビの録画ビデオのVHSとベータのように別会社で仕様が違うからなんだとようやく気付くようなレベルだった。こんな私をあきれつつも辛抱強くサポートし続けてくださったオンライン仲間の皆様にはいくら感謝しても足りない。

4　フラットな学び、助け合う学び

　こんなICTに疎い私がオンライン講座を受講し続けられたのには理由がある。もともと最初のオンライン講座のテーマは「アクティブラーニング」だった。その当時は、講師の小林昭文先生を除いては誰もALについてわかっていなくて、みんなで手探り状態だった。講座の進め方も講師が一方的に教えるのではなく、受講生同士で考え議論し答えを創り出すというやり方で、学びあい、教えあいの雰囲気に満ちていた。私は講座の感想を次のように投稿した。

「助けて」「わからない」と質問するとたくさんの「輝く知見」がほとんど初対面の人から返ってくる。まさに強力な仲間。とても収穫が多く「お金持ち」ならぬ「知恵持ち」になったようなうれしさで、その知恵は私の仕事を助け続けてくれている。ちょうど秋の果樹園でエプロンの裾を広げたら、そこにたくさんのおいしいブドウや梨や林檎が投げ込まれる感じ。ネット果樹園の知恵の果実はもぎ放題。リアルのブドウはもぎ取れば無くなるが、ネット果樹園の知見ブドウは無尽蔵、無料。物々交換の市場のようでもある。交換したら自分が持っていたモノは無くなるが、ここでは交換ではなく共有だから、自分の財産（知恵）は増える一方。ネット果樹園に集う皆さんは惜しげもなく恵んでくれる。

　アクティブラーニングオンライン講座の学びの場はフラットだった。上下関係がない。マウントを取る人もいない。校長という立場や経験や年齢は全く関係ない「一学徒」であることの心地よさ。勇気を出して「わからない」「助けて」と言えば助けてくれる仲間がいる心強さ。この時のオンライン講座の学び仲間とは、いまもネット上で緩やかにつながっていて、いまでも学びあっている。

5　「助けて」というリーダーシップ

　「『助けて』というリーダーシップ」ということを教えてくれたのはオンライン講座の主催者、田原真人さんである。誰かが「わからない」「助けて」ということによって学びの場が回り始めるということだ。このことをオンライン講座で体験したのを境に、私の「学び」に対する在り方（Being）が変わっていった。
　それまで学びは、教える人、教えられる人の間に圧倒的な知識の差が存在し、知識の多いものが少ないものに与える学びだった。ところがその講座では、わからない者同士が、わからないながらもお互いの知見を持ち寄り、与え合い助け合うことで、新しい集合知を創り出す学びだった。そこに必要なものは知識の差ではなく、それぞれの持つ知識の違いだった。それぞれが違うからこそ共有交換して成り立つ学び。
　この「互恵　共創　集合知」のプロセスが、誰かが「わからない」「助けて」と言葉を発することでスタートするということを知ってから、私は気が楽になった。堂々と、かつ喜んで「わからない」「助けて」と言えるようになった。それまでは校長という立場や55歳という年齢が邪魔して、とても恥ずかしくて「知らない・わからない」と口にしたり、誰かに助けを求めることができなかったのだ。けれど、「わからない」「助けて」ということはむしろ学びの場をリードすることなのだ。

6　学び続ける教師

　Society3.0の余韻の中にいた学校現場は、GIGAスクール構想を前倒ししてくれたコロナ禍のおかげで一挙に4.0から5.0へ駆け抜けることとなった。

　オンライン講座で学んでいる時は「どうせもうすぐ退職だし、マイクロソフト文化の中でアップル社のアプリを使うことは一生ないだろう」と思っていた。だけど、「無駄な学び」のように思えたオンライン講座の学びが、コロナ禍に直面した時、私を一挙に次の次元へ上がらせてくれた。

　これが将来役に立つからという目的もなく、ただ純粋に未知なるものを知ろうと、娘ほども年の違う先生たちと知恵の交換をしていたあの頃の自分。学びに一つの無駄もない。

　教師というのは新価値世代を育てるのが仕事である。しかしわが身はどんどん年を取り確実に旧価値世代になっていく。旧価値世代が新価値世代を育成する矛盾、それを克服するためには、日々の教師の自己更新、updateしかない。

　学び続ける教師であること、それが人生100年時代の教師の条件であると思うが、還暦過ぎの身にはなおさら、社会の変化が激しすぎて、新しい知見は怒濤のように押し寄せてくる。

　そんな時には素直に「わからない」「助けて」と言ってみること。それがみんなの学びの場を回し始めることになる。お互いに与え合う事。若手に教えてもらうこともあれば、ベテランだからこそ若手に伝えられることもある。知の交換をして助け合う学びが、次の自分を創ってくれると思う。　　　　　（つづく）

オンライン学習宣言までの道のり

1983年（22歳）	福岡県立高校の教員としてスタート。
〜	〜
2015年（55歳）	県立高校数校で管理職を務めたのち、福岡県教育センター教育指導部長に。ALによる新しい学びを知り、オンライン講座で全国の仲間と出会う。
2018年（58歳）	福岡県立城南高校校長に着任。
2020年（60歳）	福岡県職員を定年退職後、4月に福岡市立福岡西陵高校の校長となり、着任2日目の職員終礼で「オンライン学習宣言」。

わだ・みちよ

1960年福岡県生まれ。元福岡県立高校国語科教員。福岡県立城南高校教諭時代に生徒主体の進路学習「ドリカムプラン」を企画開発、キャリア教育の先進事例として全国的注目を浴びる。福岡県教育センター在職時にアクティブラーニング普及啓発。文部科学大臣全国優秀教員表彰。中央教育審議会専門委員。学習指導要領解説特別活動編2期執筆。県立高校を定年退職後、福岡市立福岡西陵高校校長となりオンライン学習をスタート。2022年より現職。

第三弾

生徒たちが成長して、社会全体を変えていくところが見たい

鷗友学園中学高等学校は、**1980年代から**カウンセリング、「キャリア教育」をいち早く取り入れるなど、先進的な教育によって人気校となった。特筆すべきは、女子の発達段階と特性に合った女子教育を実践している女子校であること。その仕掛け人は、長年校長を務めた吉野明先生。そこにはどんな考えや願いがあったのか──？　アクティブラーナー法貴が、長年尊敬し続ける吉野先生に女子教育への思いを聞いた！

吉野明さん

よしの・あきら　東京都三鷹市生まれ。一橋大学社会学部卒業後、鷗友学園の社会科教諭となる。44年間、同学園で女子教育に取り組む。現在、芝国際中学校・高等学校アドバイザー、鷗友教育研究所研究員。著書に『女の子の「自己肯定感」を高める育て方』他。

聞き手：**法貴孝哲**
清真学園高等学校・中学校教諭
学びーイングサポーター

なぜ教員を目指したのか

法貴◆吉野先生はどんな子ども時代を送られたのでしょうか？

吉野◆私が小学校に上がった1957（昭和32）年は、物資もまだまだ不足していました。家からちょっと歩くと畑で、近所の友達と野原で凧揚げをしたり、防空壕に潜り込んで遊んだりという子ども時代でした。私は、その頃から男の子中心の、縦の人間関係、マウンティングがなんとなく苦手でした。小学校5年生のとき本屋で初めて自分で買った文庫本が「赤毛のアン」。男の子は普通、もっとヤンチャな本を選びますよね。いま思えば、「赤毛のアン」のような本を選んだことは、将来女子校の教員としてがんばることの象徴のようだった気もします。

法貴◆教員になろうと思ったきっかけはなんだったんでしょうか？

吉野◆戦後しばらく続いたコアカリキュラムの時代には、縦より横、学習者中心

主義でした。特に小学校では、先生が教え込むのではなく、生徒を話し合わせるという授業が行われていたのです。ところがカリキュラムが変わり、戦前からの「縦の教育」が復活しました。小学生の私は、そういう縦の関係性を窮屈に感じていました。私の通っていた幼稚園は、話し合いを第一に考える横の関係性が大事にされている場でした。そんな幼稚園生活から、急に上から強圧的にものを言われる教育に変わったのですから、小学1年生なりに抵抗を感じたんです。「教育ってこれでいいのか」と無意識のうちに感じ始めたのだと思います。

　教員になったきっかけという意味では、3人の人物があげられるかもしれません。

　1人目は、中学時代の先生です。その先生は、軍隊式のものすごく理不尽な教育していました。竹刀をばしばし叩きながら「お辞儀の角度は○度」「行進のときの手の上げ方の角度は○度」……。その先生のおかげで学校の雰囲気に締まりがあったことは認めますが、「権力関係で支配するのがはたして教育なのか？」という疑問を常に持っていました。

　2人目は父です。父は、高等女学校の化学の教員だったことがあります。「化学なんて女には必要ない。だから、好きなことを適当にしゃべっていたんだ」などと言っており、私は反発を感じていました。時代は、いわゆる全共闘時代。私が高3のとき、東大の安田講堂事件が起

き、東大と東京教育大の入試が中止になりました。差別や権力に敏感な時代だったという背景もありました。

　父はいわゆる反面教師です。父が高等師範学校出身だったこと、また当時千葉県の管理主義教育の話などを聞いていたので、「教員養成系の大学に入ったら、教員になったとしても同じようなことをしてしまうんじゃないか」という自分へのおそれがあって、教員養成系ではない大学で教員を目指そうと考えました。

　ただし、東大には反発があったんです。父は自分が東大出身ではないから、「世の中で損している」と言う。高校の先生は、「男なら東大行くのが当たり前。東大には、全国の大学の半分くらいの予算がつく。好きなことができるぞ」と言う。自分の学力のことはさておき、私はそんな「東大絶対」の空気がいやでした。「理系ならともかく、文系なら自分の頭ひとつでできるわい」と思って、文系を選び、一橋大学に進学しました。当時興味を持

っていた、部落差別問題を実践されている先生がいたことも理由でした。

ただ、入学してみれば、教職課程は一方的な集中講座や理論の座学ばかり。教員としての学びをしっかりしないまま「このままでいいんだろうか」と大学4年生になりました。教員になるのが前提だったので、就職活動はしていません。そんなとき、当時の鷗友の校長先生から、「社会の先生が足りないから、来てくれないか」と声がかかったんです。

教師になったきっかけの3人目です。実はその先生のお兄さんは、私の祖父の宗教の師であり、先生は父の大学の先輩。パートナーは、私の母の大学の先輩などというつながりがあり、小さいときから、正月は先生の家にお年賀に行くような関係でした。私が進学した高校の校長でもありました。そんな方に「来い」と言われて断れず、鷗友学園に就職することになったのです。ところが、その先生も「女の子相手だから、政治経済は教科書を適当に読んでればいいよ」と言う。父も校長も、女子校の教員なのに「女の子だから適当に教えていればいい」と言う、「そんなことでいいのか」と相当燃えました。それが、44年間女子校で教え続けた原動力のひとつであり、原点であったかもしれません。

法貴◆実際生徒に対峙してどうでした？

吉野◆わかってはいましたが、女子ばかりで圧倒されました。視線が集まることに慣れてませんし。先輩に言われたの

は、「生徒の顔を見るな、天井を見ろ」と（笑）。最初はほんとうにそうしていましたが、少しずつ慣れていきました。

私が入った頃は、中学、高校いずれも「学びの場」というイメージに欠けている部分があった気がします。「おうゆう」とも読んでもらえないような、そんな時代でした。鷗友の実質的な創立者は、「学習者中心主義」を謳った市川源三です。「園芸」や理科など一部の授業でその教えは残っていましたが、全体的には「教師中心主義」になっていました。

鷗友学園で新しい教育を目指す

法貴◆私が鷗友学園を知ったのは約25年前の高校生の頃だったと思うんですが、すごい「進学校」というイメージでした。ところが赴任された当時は、全く違ったと聞いて驚きました。昭和から平成にかけて、私学全体としては、受験学力重視に傾いていたと思うんですが、鷗友学園は「生き方重視でいこうよ」としました。そのあたりを聞かせてください。

吉野◆1980年だったと思いますが、進路指導部長になりました。先輩の部長からは、「なんだかんだ言って、東大何人という方向に走るんでしょう」と言われました。けれど、私自身高3の担任を何回かやって感じたのは、「この子たちには、進路を考える前に考えてほしいことがいっぱいある」ということでした。将来のことを考えてもらおう、勉強しなけ

ればという気持ちになってもらおうと思っても、そのためのモチベーションがないんです。馬にニンジンをぶらさげるようにして受験勉強をさせても、効果は出ないと感じていました。勉強をがんばらせる前に、人間として成長して大人になっていく、その過程である中高時代に、やるべきことをやることが必要なのではないか。その援助を、学校としてしなければならないんじゃないか。そして、生徒は、自分自身が将来どんなふうに生きるのか、何になるのか、そのために「いま何をするのか」を考えなければいけない──そう強烈に感じたのです。そして、私は2つの面で動きました。

1つは、進路指導部長として、進路指導室のなかに教育相談室を置こうとしたことです。すると、後に校長となり、鷗友の改革を主導した先生からアドバイスをもらいました。「進路指導のカウンセリングと教育相談のカウンセリングは全然違う。カウンセリングを勉強して来い」と。そこで、私は教育相談室の準備担当になり、カウンセリングの研修会に参加し、その後日本カウンセリング協会などで学び、学校にフィードバックするようにしました。またカウンセリングの先生を招いて研修会を開いたり、そんな下地をつくりながら、1985年に教育相談室が開設されたのです。

進路のカウンセリング以前に、子どもたちはいろんな悩みを持っていました。家庭の状況もあったし、学校が荒れていた時代です。テレビでは「積み木くずし」「金八先生」などのドラマがありました。背景にあるのが「家庭の変化」です。過保護、過干渉、放任、ネグレクト……さまざまな状況のなかで、子どもたちは、自分自身のアイデンティティをかたちづくることができない状況になっている──そのことを強く感じました。

生徒に対する姿勢としては、教員一人一人が「ああしろこうしろ」と上から言わない、横は無理でもせめて「斜め上からの目線」で生徒の気持ちを受け止めようと話しました。生徒一人一人に寄りそわなければ、ほんとうの意味の学力向上にはつながらないと感じたのです。

もう1つは、「何になりたいのか、どこの大学に行くんだ」という進路指導の前に、「自分はどんな人間だろう」と考えさせるところから始めようということです。それが、かたちになったのは1990年くらいでしょうか。いまでいうキャリア教育ですが、私たちは「アイデンティティの確立を援助する進路指導」と呼んでいました。

当時は「中1から進路指導をするなんて何を考えているんだ」などと言われました。確かに、単に「大学はどこにする」という指導なら高校になってからで十分。でも、「自分がどんな人間で、どういう社会のなかで、自分がどう貢献して生きていくのか」ということに、思春期の自分自身を形成していく過程のなかで向き合うことが大事ではないかと考え

たのです。最初に「自分史」、後の「自分レポート」を書くところから始まります。自分を知り、社会を知り、「社会のなかで自分はどう貢献できるか」ということを、生徒一人一人が考える。自分自身の考えたことに従ってやりたいことを見つけ、それに向かって邁進しようという進路指導に変えていきました。

こうした動きも、学校全体が縦の関係の、教え込むだけの学校のままだったらうまくいかなかったと思います。けれど、以前から「カウンセリングマインド」の重要性を伝え、初任者には担任を持つ前に一度はカウンセリングの研修受講をお願いするなどしていました。さまざまなかたちで、「生徒の気持ちを受け止めたうえで進める」ということが暗黙の了解という「下地」があったことで、こうした進路指導のあり方もなんとか受け入れられたと思っています。

法貴◆最近の学校がようやく気づきはじめたことを、鷗友学園では30年、40年くらい前からやっていたということですよね？

吉野◆そうですね、いろんな意味でラッキーが重なりました。女子校だからできた面もあります。男子校や共学校だと、どうしても男子中心、東大中心のヒエラルキーのなかで競わなければいけません。最初は「そんなことをやってないで、ちゃんと勉強を教えてほしい」と保護者から言われたこともあります。ただ、鷗友では学校説明会を大事にしていまし

て、1985年くらいから資料集をつくってあらゆるデータを出し、学校のあり方もお伝えしてきたのです。その過程で、あえて進学実績に言及しなかったり、「進学実績を求めるなら、ほかの学校に行ってください」「進学を結果としては大事にしますが、進学実績を出すことを前提とした教育はしません」などと進路指導部の立場で公言したこともありました。

苦労するなかでわかってきた「女子の心」

法貴◆では、そういう学校の方針に賛同して入って来た子どもたちを、きちんと伸ばした結果として、いまがあるということですね？

吉野◆そうですね。ただ、一時期は大変でした。保護者から「なんでも面倒を見てくれる学校」と思われてしまい、いわゆる、問題行動のある生徒がかなり集まるという現象が起きたんです。その結果、先生方の負担がものすごく増えた。けれど、そういう子どもたちを受け入れながら、一人一人が成長して前向きにがんばるというかたちが次第にできてきました。先生たちも疲弊し、辛い時期もありましたが、その過渡期で方針を変えてしまっていたら、いまの鷗友学園はありません。先生方にはほんとうにがんばっていただいたと思います。

法貴◆ご著者を読むと女子の心がよくわかっていると感じますが、この頃の経験が大きかったのでしょうか。

吉野◆鴎友で何度かクラス担任をするうちに色々失敗し、自分自身の経験や「男子の意識」でものを考えていたらわからないなと感じました。それが出発点です。実際に生徒たちを受け持った体験、それに、カウンセラー、精神科の先生から、たくさんのケーススタディを聞いてきました。厳しい状況にある女子の気持ちを多少はわかるようになったと思います。

法貴◆吉野先生は、「非認知能力」を大事にしているとよく発言されている印象があるのですが、そのあたりが関わっているんですね。

吉野◆そうですね、学校の標語としては、1990年から95年くらいまでが「アイデンティティの確立」で、その後はもっぱら「自己肯定感」という言葉で表現しました。2010年くらいから、「非認知能力」という言葉が一般に認知されはじめたので、広い意味で「非認知能力」と私は言うようになりました。

男子に合わせた教育カリキュラムが女子の可能性を阻む

法貴◆ご自身の講演会のあと、他校の先生から「お前は男なのにどうしてそんなに女子教育を一生懸命やってるんだ」と言われたことがあるそうですね？

吉野◆はい、喧嘩ごしで（笑）。相手は公立校の数学の先生3人でした。「女子は頭が悪い、どうせ数学ができないし、使わないのに、なんで、男のあなたがそんなに一生懸命になるんだ」と言うんです。私は「あなたたちが伸ばしてないからです」と言い返しました。でもまだまだ共学校にはそういう先生が多い気がします。公立の女子校で講演をする機会もありますが、意識が男子の教育システムのままの先生方が多いんです。「この時期の女子はどう考えているか」というところからのスタートではなく、男子のシステムにすべて合わせてしまう。結果として、女子を十分に伸ばしきれていない場合がたくさんあると感じます。

法貴◆女子の能力を上手に引き出せていないということでしょうか。

吉野◆はい。いま、私は共学校で毎週1本ずつ中1の道徳にあたる授業の授業案づくりを手伝っています。その経験から考えると、個人差もあり、一概に言えませんが、女子は比較的、自分を客観化、普遍化して見ることができるように思います。生徒たちに事例をあげて考えさせ

ると、女子は一般化して「自分ごと」として捉えるのですが、男子は自分の枠のなかで考え個別の事例としてしか捉えられないことが多い。例えば「いじめ」がテーマのとき、女子は「自分も友だちとの関係を考えなければいけないと思った」というような感想が多い。男子は、「この子のこの行動が悪いから変えなければ」と、「他人ごと」として捉えることが多いように思います。

また、女子は中１の段階でも言語活動のなかだけで課題を考えることができるのですが、男子は言語活動だけではだめで、身体を動かすようなプログラムが必要になります。共学校の多くは、男子を伸ばすのに適したカリキュラムになっているため、女子はどんどん言語活動をやって力を伸ばすチャンスなのに、足踏みさせられているわけです。

女子の発達段階に合わせたプログラム、カリキュラムがあれば、女子はもっと伸びる可能性が高いと思います。一般的に女子が苦手だと言われる数学も、女子に合わせたプログラムを実践すればもっとできるようになるはずですし、不得意にならないのではないかと思います。

首都圏以外の女子高生は東大や偏差値の高い大学を目指さないという、東大生が調査したデータが発表されました（23.5.31朝日新聞）。首都圏の大学進学より、資格取得にメリットを感じるというのです。しかしそれは本人の意志だけでなく、周囲の意向が強く働いているので

はないかと思います。実際、私も地方に講演に行くと、そうした保護者の意識を強く感じます。一方で、地元を出た女子はもう地元には絶対戻らない、というケースが圧倒的というデータもあります。首都圏に出た女子は伸び伸びと生活し「あの抑圧された社会には帰らないぞ」と思い、残った女子は出て行きたがらないという二極分化が起きている。男女のあり方を、日本全体で変えないと、この状況は最終的に変わっていかないんじゃないかと危機感を持っています。

法貴◆そう！ 吉野先生は現在、共学化した新しい学校で仕事をされていますね。「女子が、環境が変わっても伸び伸び生活していけるサポートがしたい」という思いが根底にあったのでしょうか。

吉野◆私が現在関わっている芝国際中学・高校は2023年４月に開校しました。もともとは東京女子学園という女子校で、その時代に入学した生徒が、現在5学年残っているんですね。そこで、女子が勉強しづらい、居づらい環境になってはいけないと私が呼ばれました。当初はそういう役割でしたが、いまは「共学校のなかに多様性をもっともっと持ち込まなければ」と強く感じ、女子教育に長く携わってきた立場で、ここに存在する意義があると考えています。

法貴◆最近、女子校が共学化して飛躍するケースが多い印象があります。そのことについてはどう思われていますか。

吉野◆生徒募集については、共学のほう

が圧倒的に有利だと感じています。ただ、それは劇薬で、副作用もあります。もちろん共学の良さはあります。芝国際で男女が一緒に協力し合っている様子を見ていると、良いところがたくさん見えてきます。それは大切にすべきでしょう。ただ、これは一般論としていいますが、先生方が「従来の学校のあり方をひきずっている」とすれば、それは大きな問題です。例えば良い生徒が集まったからと、外から見えるかたちで大学合格実績を出そうとしたり、男子の学力、発達段階に合わせた学力優先のクラス分け、朝テスト、夕チェック、夏休みの補習などという学力中心の学校になっていくと、「以前は女子校だった学校としてこれでよいのか?」と私は考えてしまいます。

生徒指導も「アクティブ ラーニング」方式であるべき

法貴◆本当に変えなきゃいけないのは教員のあり方だということでしょうか?

吉野◆その通りです。

法貴◆吉野先生はずっとボトムアップで、深夜まで先生方が話し合ったり、大枠だけ決めて先生たちが決めていくというかたちでやってこられた。いま、多くの学校にはそうした対話の場が必要ですよね。

吉野◆そうです。働き方改革で、放課後に時間がとれない、という事情はあるんですが、本質的な部分についてだけでも、しっかり時間をとって、考えていくことが必要です。夏休みでもいい、先生

方が集まって話し合うべきだと思います。

鷗友の場合、3日に1回席替えをしよう、英語をオールイングリッシュにしようなど、全部現場の先生から意見が出てきていたんです。そうやって学校をつくってきた。自分たちでつくっているという意識があるので、先生方も一緒になってやれたんですね。

色々な学校を見てきて驚いたのは、保護者会用のマニュアルのある学校が多くなっているということです。しかも、その多くにあるのは「いかに保護者に話をさせず、短時間で終わらせるか」ということ。それでは信頼関係はつくれません。鷗友では「保護者の言いたいことはまず全部受け止めてください。そのうえで対処しましょう」と、「話を聞く」ことを出発点にしていました。

法貴◆すごくよくわかります。僕は、担任のときは、年度最初の保護者懇談会を3時間くらいやっちゃうんです。最初のところで保護者の意見を全部聞いて、保護者にも僕がどんな考えを持っているのか、ほんとに知ってほしいから。保護者の考えを知っておかないとクラス運営は、どこかで支障をきたすと思っています。目的や、自分たちはどうしていくのかという指針を、生徒と先生、先生と保護者、生徒同士、先生同士……対話でつくっていく。それが学校というか、社会でしょうね。

吉野◆全くその通りだと思います。いま、多くの学校はダブルスタンダードになっ

てしまっていると感じています。学習面でアクティブラーニングが入ってきて、「単に答えを教えてもらうのではなく、みんなで意見を出し合って結論を出していこう」というのが学習指導の基本ですよね。それを実践する場が社会集団であり、そのひな形が学校集団です。学校集団において、先生から一方的に規則が与えられ指導が行われるのだったら、なんのためのアクティブラーニングかと思います。学習指導にアクティブラーニングが入っているのなら、パラレルなかたちで、生徒指導もアクティブラーニング方式でやらなくちゃいけません。

生徒たちが社会を変える姿を見たい

法貴◆おっしゃる通りです。学校改革も含めて、一貫した態度をとらないといけない。子どもの姿を見て、大人側がまずわくわくする、子どもたちのとなりに降りていくのが前提ですよね。最後に、吉野先生は、「今後こういうことをしていきたい」という夢・希望はありますか。

吉野◆そろそろ引退の時期かなと思いながら、お声がかかるかぎり、いまのような話をして、女子の前向きな生き方を後押ししたい。これが1つ目。2つ目は学習指導と生徒指導はパラレルじゃないといけない、さらに主体的な学習や行動のためには「自己調整学習」が必要ということです。そのためにメタ認知を強化してモニタリングとコントロールの力をつ

け、関係性（所属意識）、有能感（自己効力感）、自律性を高めて生徒の内発的動機づけを促すことなど、もっと多くの先生に意識してほしいと思っています。

3つ目、オランダの社会心理学者ホフステードの六次元モデルというのがあります。権力格差、個人主義、男性性など6つの軸で世界の国々を分析したものです。これによれば、日本は、男性性が100点中95点で世界のなかでトップ、他の国はほぼ70点以下です。権力志向が強く、不確実性を嫌い、いま我慢しても、成果をあげることが評価される日本、実感としては合っているなと思います。そんな縦の関係性が強い日本では、男女の関係がなかなか変わらないのではないかと思います。だから、まずは学校を変え、学校の先生の感じ方、捉え方を変えながら、生徒たちが成長して次第に社会全体を変えていくところを見たい。

法貴◆いまも学び続けて、新しいことをやろうとしていることがすごいと思います。僕が吉野先生くらいの年齢になっても同じようにしていたい、という目標になっています。

吉野◆ありがとうございます。やってきたことは、一挙にできたわけではなく、仲間と一緒に積み上げて来ていまの形があると思っています。改革というのは1年や2年でできるものではなく、10、20年単位で見てほしいと思います。

法貴◆本日は、ありがとうございました！

記事構成：本郷明美

教員と生徒のアクティブビーイングとは
——土台から考えるアクティブラーニング

第3回
主体的な学びを促す場づくりのための
アクティブビーイング

> この連載では、「主体的学習者の育つ学校・授業とは」という視点から、4回に
> わたり教員のありかたについて考えている。今回は、場づくりを中心に……。

河口竜行
和洋国府台女子中学校高等学校 教諭
学びーイングサポーター

▨「場」……

　第3巻は「場づくり」ということを大きなテーマとしているので、それを意識して「場づくりを中心に」とはいうものの、結局のところ私がこの連載で書かせていただいているのは、生徒主体を実現すること、という一点に過ぎない。

　第1巻では「生徒主体を実現するための教員自身のアクティブビーイング」というテーマで、生徒たちをまずきちんとさせることが第一歩になってしまっている学校を、自由にチャレンジできる環境に変えていきたいということを述べた。

　前回の第2巻では、生徒が主体的に学ぶ意欲を持つための、対話をベースとした授業の「すすめ」について、自分の経験とともに書かせていただいた。どちらも、このシリーズに寄稿していただいているような方々、各種の研究会などで学校を越えた学びを経験している方々、所属する学校で改革の先頭に立って活動する方々にとっては、あまりにも当然のことを語っているに過ぎない。

　上で私が例として挙げたような方々による発信として、ある場合には書籍で、またある場合には研究会などのイベントで、学校が社会の変化に対応できていないという内容の主張が、頻繁に聞かれるようになっている。それなのに、大多数の学校、大多数の教員は変われていないように感じる。そんな中私は、こうした「変われていない」と感じている教員の皆さんにこそ、読んでいただければと思い、この連載をしているのだった。そんなふうに確認しながら、この第3回の原稿を書かせていただいている。

■学校は「変わらない」ということがそのよさでもあるのだが

　ところで最近、飛行機や自動車や電話の普及にかかった時間と比較して、インターネットや各種SNS、そしてChatGPTに至るまで、その普及までの時間の加速ぶりが話題になっていた。

　学校はどうだろう。たとえば「指示待ち人間」という言葉が登場したのは1981年だということだが、それから40年以上である。学校は指示ばかり出し続けてはいないだろうか。自分の頭で考えて、指示に頼らず何かにトライした生徒に対して、どのように対応しているだろう。また、学校歴だけではなく、本人が何を経験し何ができるか何を目指しているかということが大切、といわれるようになってからも随分経つが、学校はいまだに、生徒がお行儀よくきちんとお勉強をしてテストで点をとれることばかりに注力してはいないだろうか。

　もちろん、社会の変化に動じることなく、学校がいつも生徒たちの居場所として、安定して存在し続けるのは、大切なことである。コロナウイルスによる学校の閉鎖によって、リモート授業による学習が急速に進んだ2020年、皮肉にも私たちは学校とはそもそも何のためにあるのだろうという議論をする機会を得た。本シリーズの第1巻でも、学校とはそもそもどういう存在なのかをテーマとして設定した。貴重な寄稿も数多くいただいた。そこにおいても、学校がいつも変わらずにそこにあるということの大切さについて言及されている。

　しかし、そうはいっても、である。安定した存在であろうという力が働くためなのかはわからないが、学校の変化はあまりにも鈍い。

■学校という場、失敗できる場

　学校を一つの場と捉えた場合、私がまず目指すべき場として挙げたいのは、失敗できる場である。はみ出すことのできる場、と言い直すこともできる。学校での各種の指示・命令・禁止の中の多くは、はみ出すこと＝失敗、を未然に防ぐためのものではないだろうか。

　服装や頭髪、持ち物について規制したり禁止したりするのは、その規制の通りでなかったときに起こる、または生徒が起こしてしまうトラブルを予め防ごうという意図によるものだ。たとえばスマートフォンを学校で使用すると、学校での学習に関係のない使い方をしてしまう、また授業中など使用してはいけ

ないタイミングで使ってしまう、などが想定される。

　幸か不幸か、私はこうした事柄に関して、予めすべて禁止してしまう環境と、禁止せずに自分で判断する力をつけることを目指す環境との両方の場を経験することができた。予め禁止する場合には、そのことを守らせることが仕事になり、それは非常に時間と労力の必要なものだった。一方、自分で判断する力を育てようとする場合には、判断を誤り、よくない使い方をする生徒と相対することが仕事となり、これも同じように時間と労力とを必要とした。

　どちらもラクではない（笑）のだが、後者の考え方のもとでは生徒たちが自分の意志で自分の行動を適切に選択することができるようになっていく、という大きな成果が出る可能性がある。判断を任せられた生徒たちの中に、失敗をする生徒が出てくるのはもちろん十分にあり得ることである。そこで教員側の準備も必要となる。生徒の失敗を受け入れ、またその生徒には、それが判断の失敗であることを自覚してもらえるよう話をする必要がある。逆にもしも禁止して事前に失敗を防いでしまったら、生徒たちが自分の中に自分の行動を決める基準を作る機会を奪ってしまうことになるのだ。

　また、禁止しないということは、学校（教員）が生徒を信じているという有力なメッセージにもなる。自分の判断を信じてもらえたときに、また認めてもらえたときに、誰もが自分で責任をもって自分の行動を決めようという主体的な意志を持つようになる。そして自分の判断を認め、自分のことを肯定的に見ることができるようになるのである。

　数年前、むかし私の通っていたごく普通の公立中学校が、ノーチャイム制になったという話を聞き、驚いたことがあった。そもそも私にとっては前任校が、二十数年前の開校以来ノーチャイムだったが、それがなかなか広がっていないような印象をもっていたからである。それも最近ようやく、変化しつつあるようだ。先日も、ある地方の小学校がノーチャイムになったというニュースを見た（まだニュースになる段階のようだが…）。そこでインタビューを受けていた小学生が、笑顔で語っていた。「チャイムが鳴らなくても、ぼくたちは自分で時間を見て行動できるんです」。この、「自分でできる」という表情がすべてを語ってくれている。もちろん、時にはチャイムがないことで授業に遅れてしまうこともあるだろうが、このような小さな失敗をしながら、成長していける場が大切なのではないかと思っている。

　次に、「授業での失敗」にも触れておきたい。私の身近な教員で、コミュニケーションに関して私など及びもつかないような力を発揮する人がいる。しか

し、その人は研究会等の何らかの学びの機会に、グループワークに加わるのだけは嫌いというか、苦手だというのである。それはどうにも不思議であるし、対話型授業へのヒントにもなると思ったので、詳しくあれこれ尋ねてみた。するとどうやら、間違ったことを言ってしまうのを恐れる心理があるからではないかということがわかったのである。これは、本人が中高生時代に受けてきた授業に原因があるのではないかと私は勝手に想像している。授業中、教員に「当てられること」を生徒は極端に嫌ったりする。それは、正解を答えることを求められる。正しいことを言わなければ、「はい、だめ」（失敗）ということで、次の生徒へ。このような授業が、失敗を恐れる気持ちを増幅させ、活発な議論への入り口を塞いでしまう。

　間違ってもなんでもいいからということで、グループ内で自分の頭をフル回転させて自由に言いたいことを述べ合う。ここを出発点にすることで、失敗を気にせず自分から考えて発言できる場を作っていけるのではないかと私は考えている。

▨学校という場、安心できる場

　先にプラスの例として挙げた、私の通った中学校だが、あいにく当時の私にとって安心・安全の場だったとは言いにくい面もあった。別の地域の小学校から入った私がようやく仲間を作り落ち着いてきたころ、なぜか廊下で出くわすたびに蹴りを入れてくる他クラスの男子生徒が現れたのだった。身長差は20センチ。会わなければとくに何もない楽しい日常だったのだが、時折、「わあ痛いよやめてよほんとに」と言って逃げなければならない事態に遭遇するのだ。先生に告げたとしても、正直、解決してくれるようにも思えなかった。そんな時間は1年以上にも及んだ。これでは安心して学校にいることはできない。

　私たち教員は、こういうときに本人や周りの生徒たちから相談をしてもらえるようにならなければならない。もちろん、実際そのようになるのは容易なことではない。「先生といえば正しいことを教える存在である」という状況のままでは、相談どころではないだろう。このあたりの経験や考えが、振り返れば私が初めてコーチングについて知ったときに、「これだ!」と直感した土台になったように思う。

　コーチングは、相手が自分の中に答えを持っているということを信じ、思いを引き出すことをその役割としている。これを学んだことにより、私の場合で

も生徒たちが話してくれることの幅が確実に広がったし、生徒たちが自分自身の気持ちに気づくためのサポートができるようになった。以後さまざまな場面で、私がコーチングを学校の世界に、と広めようとしている所以である。

いつも述べる「対話の練習」も、そのコーチングの考えの中から生まれた方法である。生徒同士が、せまい仲よし仲間やクラスメイトの枠を越えて、率直にコミュニケーションをとる機会を設けることを日常的に行う。普段話さない者同士が顔を合わせ、やりとりをすることで、互いの立場を理解することのできる幅が広がるのではないかと思っている。

これは、ただ知り合いや仲よしを増やすということを言っているのではない。最初は緊張するような相手でも、自分の言葉でやりとりをすることによって、身近に感じられるようになる体験をする。そのことで、未知の相手も同様で、その延長線上にいるということを無意識に感じとる機会を作ることである。また、自分の中にある感情をその場に合わせて言語化する練習をすることでもある。自分のことを互いに語り、それをよく聴いて認め合うことで、その場全体が自分にとっての安心・安全の場になっていくのである。

■学校の外の場づくりその1　場を持つこと

サードプレイスが重要、などという言葉遣いは最近になって知ったものだが、学校と家庭以外に場を持つことは非常に重要だと以前から考えている。中学生時代の私でいえば、それに当たるのが、ほとんど毎日入り浸っていた個人の学習塾と毎週日曜日の早朝に行っていた剣道教室であった。学校とは全く違うコミュニティを持っていたことは、あとから考えれば本当に貴重なことだった。学校での出来事に動じない自分になっていくことを自覚できるほどの効果だった。

時代は流れ、今は対面・オンラインを問わず、中高生の参加できるコンテスト・コンクールなど、また生徒たちの探究心を刺激してくれるようなプログラムが世にあふれている。テスト向けの学習だけでは得られない学びの機会を生かさない手はない。こうした場を生徒たちが持てるようにするためには、もちろんまずは本人の自分から新しい環境に飛び込むマインドが必要であろう。

しかし一方、学校のほうはどうだろう。放課後は部活や特別な講座等で余白を埋め、ちょっと長い休みがあれば大量の宿題で生徒を縛り付けてはいないだろうか。生徒たちが新しい場を得るためには、学校側が生徒の時間を占領して

しまうことのないようにすることも大切である。

さて、このことは教員の側もほとんど同じことが言えるように思う。教員にも、一人の社会人として、サードプレイスたる場が必要である。仕事と関係のない趣味のコミュニティでも、仕事に関わる研究会・勉強会などでもよいと思う。こうした場を持つためには、学校内の仕事で目いっぱいの生活を脱しなくてはならない。教員は、仕事が多くて忙しいからと思っていると本当にきりがない。もう少し丁寧に教材研究をしよう。もう少しゆっくり生徒の書いたものを読もう。作った問題を見直そう。この繰り返しから脱出して余白を作らなければ、学校外に場を得ることはできないのである。言うまでもなく、場を持ち、リフレッシュをしたり学んだりしたことで、本来の仕事にもプラスの効果がある。どうかこの連載を読んでくださった皆さんが、今後少しでも新しい場への第一歩を踏み出されますように。

■学校の外の場づくりその2　場を作ること

生徒による場づくり…。もはや学生が起業したという話を聞いても誰も驚かない時代になった。高校生でも、イベントや会社を運営することも増えてきた。あとはその足を引っ張らずに後押しができるように、私たち教員が学ぶことが求められる。

教員の場づくり…。学校外の場に頻繁に顔を出して学んでいるうちに、気づいたら自分も場をつくる側になっていた。このシリーズ本もその一つである。オンラインの企画を実施し、対面のイベントも計画している。場とは人である。そして場と人との相乗効果でまた人が集い、新しい場が生まれていく。

私が学校の外に頻繁に出て学ぶようになったのは、40歳を過ぎてからのことだ。1年に50回ほども外で学んだ年もあった。そうして学ぶ「場」に出会う中で、それまでさして広くもなかった私の世界は一変した、と振り返って思っている。このシリーズの編集の仲間、寄稿してくださった皆さん、そして読んでくださっている皆さんと一緒に、学びの「場」をこれからも作っていきたい。

（つづく）

狩猟とBeing

中高一貫女子校教師のダブルワーク日誌

その3
解剖と解体は違うというお話

木村 剛

静岡雙葉中学校・高等学校 教諭
学びーイングサポーター

私は静岡市の中高一貫の女子校で理科の教員をしている。そのかたわら4年ほど前から狩猟に関わるようになった。生物を専門としている教員として、長年自然や生き物の面白さ、厳しさを伝えてきたつもりだが、人と自然の間に立つという点では、教師も猟師も近い存在なのではないかと思う。

残念、猟期を逃す——2023年春

　ご存知ない方も多いだろうが、一般的な猟期は11月から3月中旬の約5か月。対して、私が猟師として関わっている特定有害鳥獣駆除の猟期は2月中旬から3月中旬にかけての1か月間と限られている。今年も早いうちから天候やその他予定との調整をしながら準備をしていた。しかし、準備しているうちに、今期の予定されていた頭数に達したという連絡が入った。駆除頭数は、厳密に規定されているのである。残念ながら今年は山に足を踏み入れることなく狩猟シーズンが終了してしまった。来年が待ち遠しい。

　「木村君、解体というのは食べることを前提としている。解剖とは違うんだ。解体とは骨から筋肉を剥がすことなんだ。いかに刀を入れないかがポイントだよ」と大学の恩師から教わった。この連載の第1回で「お肉と筋肉」の話を書いたとおり、私たちが普段食べているお肉とは動物の筋肉である。筋肉の特性は収縮することであり、基本的に筋肉は関節を跨ぎ、2本の骨をつなぎ収縮することで屈曲を起こしている。筋肉は繊維の束であり、末端は筋繊維が束ね垂れた円柱で一般的には腱と呼ばれる白っぽいロープ状となり、骨とつながっている。つまり、無駄なく筋肉からお肉にするためには骨と筋肉の接合部分である腱を切り、骨から剥がすことができればよいのである。

　スーパーで売っているトリのささ身を思い出してほしい。傷一つない一本の

きれいな筋繊維の塊。あれは正に骨からきれいに剝がした賜物なのである。つまり、筋肉に刀を入れても肉は剝がれないのである。トリももの骨付き肉や手羽先を食べるときにきれいに食べるのが意外と難しい理由はそこにある。

初任校で「生物」を学ぶ

　現在、生物を主に担当している私だが、高校生のときは物理・化学選択で、生物を履修したことがなかった。また、大学・学部での専攻は地球科学であり、系統的な生物学というものを学んだことがなかった。生物というものを学んだのは初任で勤めた定時制高校であった。その学校では生物のすべての授業が実験・実習で行われていた。幸いなことに授業は、指導教官とのティームティーチングであったため生徒と一緒に様々なことを学んだ。試行錯誤の毎日ではあったが、とても楽しい日々であった。スケッチの描き方はもちろんのこと、顕微鏡操作に関してはピント合わせや適切な絞り、素早いメカニカルステージの操作、ミクロトームを用いたサンプル作成など本当に鍛えていただいた。

　観察するという行為を繰り返すと、「どうしてそんな形をしているのか」「どうしてそんな現象が起こるのか」という「何故」という気持ちが生まれてくる。「ガリレオ」の湯川学が「しかし、僕に言わせれば現象には必ず理由がある」と言うように、現象を追求することで私自身は生物学への学びを深めていくことができた。そこで習得した技は現在も衰えることなく活かされている。

　その授業の基本コンセプトは本物で学ぶ、そして小さなものから大きなものへだった。2コマ連続の授業で、最初の15分は概論、そしてサンプル作成、観察・考察といった流れである。当時の定時制高校には様々な年代の生徒が在籍しており、昼間は仕事、夕方から学校で学ぶという生徒が多数いた。また、全日制高校に進学できず、不本意に入学してくる生徒や外国籍や不登校だったなど本当に多様なバックグラウンドを持つ生徒たちがいた。学校としてはいわゆる生徒指導困難校であったが、授業で困難を感じることはなかった。この授業で大切にしている観察するという行為は、何かを覚えるといった学びと異なり、誰でもできる行為であり、そこに何があるのか、気になることは何かという問いは万人が取り組める課題だったからだろう。サンプル作成という行為も同様であり、そこにはいわゆる学力という尺度は存在しない。昼間は建設現場で働いていて勉強には興味がないけど、高卒資格取得のためだけにきている生

徒が、実は手先が器用で、サンプル作成で活躍したり、中学時代は不登校だった生徒たちも自分たちのペースで取り組むことが許容される、今風に言えば個別最適で協働的な学びが展開されていた。

解剖と解体の違いは何か

　前期は徹底した観察とスケッチ。顕微鏡を使ったタマネギの細胞の観察から始まり、ヒトの上皮細胞の観察、オオカナダモの原形質流動・ユキノシタを使った原形質分離・インパチェンスの花粉管の伸長・原生生物（ゾウリムシ・ミジンコ・ミドリムシ・クンショウモ・イカダモ・ボルボックス）の観察・維管束の観察・血球の観察・体細胞分裂・ブタの眼球の観察などなど。後期は大きなものの観察へ進む。ハマグリ・シャコ・ホヤ・クルマエビ・ホタテ・ウチダザリガニ・スルメイカ・アジ・ブリ・ニワトリなど。これらすべては観察・解体後には美味しくいただいた。

　解体と解剖とは、何が違うかといえば、対象の生き物を食べるか否かということだろう。観察対象を食べないと決めると、不思議なことに人は対象を雑に扱うことになる。「二度殺す」、あるテレビ番組で猟師が言っていた言葉である。正にそのようなことが授業でも起こる。実験後に雑に扱われた生き物の残骸を片付けることは気分の良いものではない。非常に悲しく寂しい気持ちが生まれてくるのだ。

　もちろん「二度殺さない」ためには「一度も殺さない」という選択もある。解剖などの実験・観察をまったくやらない、もしくは完成されたサンプルを観察するという方法である。資料や動画を見て理解するというやり方もある。デジタル教材も充実し、教員の手間を省くために様々な実験キットも販売されている。しかし、私の価値観は、それとは異なる。第2巻のブックレビューで紹介した料理研究家・土井善晴氏の「地球と人間の間に料理があります。料理をすることは、地球を考えることです」という言葉には、非常に共感をしている。それを自分に当てはめれば「地球と人間の間に理科があります。理科を学ぶことは、地球を考えることです」と。理科教員の役割が自然とヒト（生徒）の間に立ち、そこをつなぐと考えれば私はできるだけその間のプロセスを省きたくないのである。

鶏の解体の実習　静岡雙葉高校のサイエンスキャンプで（2023年夏）

最初は股関節から

筋肉と関節の関係

腱を切る

おいしくいただく

自然と人の間に立つこと―私の役割

　初任校では、毎年１月になるとウニの人工受精を行っていた。その時期には生徒たちも顕微鏡の操作はお手のものであり、とてもタイミングの良い実験であった。バフンウニは冬に生殖腺が発達するのでその時期に三浦半島にウニ採集に行っていた。寒風吹く中、磯に出て岩をはぐりウニを集める。ポリタンクに海水を汲み、ウニをヒジキで包みクーラーに入れて学校に持って帰った。その採取したウニを使って行う人工授精は教員たちにとっては一大イベントであった。アリストテレスの提灯と言われる口器を取り外し、塩化カリウムを注入し放卵・放精をさせる。そうして準備した卵子と精子を使って顕微鏡下で受精させる。生徒たちにとって実際に顕微鏡下で受精膜が上がる瞬間や１つの細胞が２つに分裂している様を観察するダイナミックさは、何にも代え難いものである。

　ちなみに１月の大潮は夜中であり、ヘッドライトをつけ星空の下で採取を行っていた。これが本当に凍えるように寒いのだが、そんな真夜中のウニ採取は楽しかった。当たり前だがウニがどんな環境に生息しているかを実際に感じることができるのだ。群生している場所を見つけたときの嬉しさはひとしおであった。また、潮だまりにはウニ以外にも様々な生き物たちが生息しており見ているときりがなかった。

　実験も料理と一緒で関わった人の熱というものは受け手には伝わるものだ。そして、生徒がその熱を受け取り、プロセスに関わることを実感することによって価値が増して、学びが深化していくのではないかと考える。

　授業で実験・解剖するときも対象は、自然の恵みであり、自分と同じ世界の一員と想像できる。そんな風に生徒には思ってほしいし、この気持ちが理科教師と猟師のダブルワークに私を導く。　　　　　　　　　　　　　　　（つづく）

2人のファシリテーターが
教育や学校についてアレコレ語ってみた───③

どう伝える化・どう伝えた化？

話し合いの場での見える化と
講義・説明における見える化

ワークショップ会社 Active Learners を立ち上げたファシリテーター2人がぺちゃくちゃ語り合う本シリーズ。第3回は、「見える化」の効果と方法について話しました。

山ノ内凜太郎
合同会社 Active Learners 共同代表
わぐわぐ Works コアメンバー

米元洋次
合同会社 Active Learners 共同代表
学びーイングサポーター

┃ なぜ見える化？

山ノ内◆よねさんは、見える化を題材にしようと思ったときに、どんなイメージを持っていたのかな？

米元◆少し広く捉えていて、個人レベルでの、自分の考えていることや、ある物事について頭の中にあるものを一旦手放す・形にする、という見える化と、人と人がコミュニケーションをとったり、あるテーマについてグループで討論するときに、グループ全員で同じ情報を共有したり、一つ一つ議論が積み上がるようにするための見える化、どちらもあるかな。他にも、第2巻で話題になったけど、全体発表に向けて形にするための見える化なんかも含むかもしれないね。

山ノ内◆わかりやすいところだと、グループワークなどで意見の共有場面での見える化があるかもしれないけど、それよりもっと小さい規模も大きい規模も含んでいるということだね。わざわざ「見える化」っていうから、そもそも見えてないものがたくさんある前提なんだよね。見えないものを見えるようにするわけ。既に見えているものでも必要なものと必要じゃないものもあるだろうし、同じように見えてないものでも必要なものと必要じゃないものがある。見える化って、必要なものを抽出してちゃんと見えるようにする作業なんだろうなと思ったよ。

米元◆なるほどね。対話の場では見えない情報がいっぱいあるけど、そのままだったらもったいないものは、見える化するとその場の活性化につながるというこ

とだ。

山ノ内◆テーマについて、自分で考えたことを他の人とシェアして、一つの考えにまとめましょうとか、それぞれの意見の違いに気づきましょうとか、そういう流れで共有の場面があったときに、見えていないまま行うと正しく共有できなくて、ちゃんと比較したり整理できなくなってしまう。見える化することで、より比較したりまとめたり取捨選択しやすくなると思う。

米元◆人の意識って、集中しているときとふわふわしているときのように波があると思うんだけど、音声だけ、雰囲気だけでコミュニケーションをとっていると、何となく記憶に残っている情報とかそのときにピンときたものばかり残るようになってしまって、その他は忘れちゃう。印象に残らなくなる可能性がすごく高いと思う。複数の人がいて色んな情報が飛び交っている中で、各自が何となく拾ったことしか記憶に残らなくなってしまうと、ある人は、この中でAについて印象に残っているからそれについて話す。でも他の人はBの情報が残っているから、その話をする。その状態をそのままにすると、話の焦点が定まらなくなって、「これ今なんの話？ 何やっているんだろう？」ってモヤモヤしてしまうよね。

山ノ内◆丁寧に、その議論の道筋というか蓄積が見えるようになっていると、いざ自分の意見を整理しようと思ったときにそこに戻れる。ここまでの情報が残っ

ていると、立ち返って読み直して確認できるから、そのグループの人たちで同じ情報が共有されている状態っていうのは自分自身のためにも良いし、他の人たちのためにもなる印象がある。

対話・情報の軌跡
＝当事者感・納得感

米元◆ワールドカフェのように、話している内容をリアルタイムで皆で書き出しながら話そうという場でも、話の軌跡が残るから、比較的フリーな話し合いの中でも、「さっきのこの話だけど」って言える。さかのぼることができるって、自由度の高いコミュニケーションでも大事。

山ノ内◆軌跡っていうイメージ、いいね。積み重ねて通ってきた道っていうか、これだけの話し合いをしてこんな情報が出せたよねっていうこと自体に価値が感じられそうな気がしたなあ。人の記憶がビジュアルやイメージと一緒に残るってよく言われるけど、見える化の景色があるからより臨場感があるというか、その場に対しての自分の関わり方が一段と強くなる気がするね。

米元◆皆さんで一緒にこれだけの時間を過ごしてきたっていう納得感を醸成する一つのツールにもなりそうだね。話し合いの場の経験そのものが残るわけだ。ワールドカフェが終わったあと、落ち着いて見える化に使った模造紙を見渡すと、確かにこんな話したよなーと感じる瞬間に達成感を得られるかもしれない。

山ノ内◆確かにそうだね。振り返ったときの達成感、その場を体験した自分の感動みたいなものが得られやすいし、感動するということは記憶にも残りやすいし、という感じだね。

講義と見える化

山ノ内◆この話を学校現場に落とし込んでみたときに、例えば講義での見える化ってどんなイメージなのかな？

米元◆講義って、先生が伝えたいことを見える化するっていう意味では見える化には違いないんだろうけれど、例えば黒板に説明内容を書いて、それを生徒が書き写してっていう方法は果たして正しいのかな、と考えることがあったんだよね。事前に作った資料を配るだけじゃダメだったのかとか。レクチャー内容が正しい方法で届けられているかどうかは気になっていて。

山ノ内◆そういう場面では、先生が授業内容を理解してもらうっていう目的・意図があって、その手段として板書だったり資料配付だったりスライドだったりがあるんだよね。講義のポイントは、やっぱりいかに伝えるかじゃない。そこに尽きると思う。知識伝達をすることが何よりの目的なわけだから、効果的に伝達するためのベストな手段を探す必要があるよね。

米元◆その知識伝達の仕方が、生徒側にとって理解しやすい・伝わりやすいのであればその伝え方で良いだろうけど、例えばその場で板書するデメリットの一つは時間がかかることで、板書している最中は生徒が待たなければいけないんだよね。そういう意味では、レクチャーする内容を事前に用意しておくっていう意味で、スライドやKP法を活用することで、講義のテンポを変えられる。

山ノ内◆情報伝達の見える化ということだね。それ自体が時間に関わってくるし、時間が変わってくるってことは、その授業内で何をどこまで教えられるかに関わってくる。だから、見える化のやり方の選択一つでガラッと授業が変わる可能性を秘めているんだよ。

米元◆板書、スライド、配布資料など、色んな選択肢・引き出しを持っている状態で、例えば授業の50分間を有効に使うための方法を選べるといいね。やっぱりデザインだね。授業のデザインの中でのレクチャー部分。学びを効果的にするために、どの見える化の手段を使うかっていうところに向き合えるといいんだろうね。僕の場合は、授業時間をどう使うかって考えたときに、英語は特にそうだと思うんだけど、やっぱり生徒の活動、生徒が取り組むことへの時間を確保したいと思うので、こちらが準備できることは先に準備しておいて、あとはその場で必要だと思った補足情報などは板書によって柔軟に扱うようにしているかな。

山ノ内◆その場で思いつくことや即興的な補足などは板書で柔軟にできるわけ

Active Learners' EYE

場づくりと見える化

話し合いの場での見える化
■想いや考えの共有
➜ 参加者同士の関係性づくり、アイデアの発散・収束を
　行う上で重要
➜ 見える化＝丁寧に記録することが必要

講義・説明における見える化
■配付資料やスライド等の活用
➜ 講義・説明内容を効果的に伝えるための手段
➜ 参加者（生徒）にとってより伝わりやすくなるよう、
　あらゆる工夫が必要

だ。いずれにしても、見える化の方法を複数持っておくことは大切だね。

米元◆そうだね。KP法の川嶋さんが動画*で、「『教えたこと』は忘れられる」「『見せたこと』は思い出してもらえる」「『やらせたこと』はわかってもらえる」「『発見してもらったこと』は（その人の）身に付く」ってお話しされているけど、僕たちはまさに伝え方にあらゆる工夫を加えなきゃいけないんだっていう気持ちにさせてくれるよね。

山ノ内◆見える化＝どう伝える化、であり、どう伝えた化、ということだね！

（つづく）

* 「『伝える』ということ」KP法 Kamishibai Presentation (https://youtu.be/LStod7E_cCg)

イラスト：やまぎしともや

合同会社Active Learners

「人が集まる場を、もっと面白くする」をモットーに、独自に構築したファシリテーションのマインドとスキルを活かし、行政・教育機関・企業などが主催するワークショップ型会議・研修・授業・イベントにおけるプログラムデザインや当日の進行を担当。自ら学び、考え、動く「アクティブ・ラーナー」があふれる社会の実現を目指し、年間100件以上の場づくりを企画・運営。著書『参加したい場を、一緒につくろう。』（共著・自費出版）。
https://active-learners.jp/

「自分事（自分ごと）」とは何か
Being History を実践するための刺激

皆川雅樹

産業能率大学経営学部准教授
学びーイングサポーター

本シリーズの目的 ▶ 本シリーズでは、「探究」とは何かについて考えてみたい。その際、「探究」に関わって、私（皆川）自身が気になった書籍を意図的に紹介し、その内容に基づいて述べていくスタイルをとりたい。したがって、「探究」について「探究」するとともに、それに関わる書籍へいざなう役割を本稿が担えれば幸いである。

1. 「探究」と「自分事（自分ごと）」

「私たちが歴史を学ぶことを通じて、生徒も教師も自分自身の存在・あり方を探究することにつなげられる」

このような考え方について、第1回に「Being History」と名づけて提案した。第2回には、学ぶ対象となっている「歴史」とは何か、歴史は誰のものか、という問いについて考えてみた。その中で、パブリック・ヒストリーについて紹介し、この考え方を前提にすると、歴史を専門としない公衆にとっても歴史は、歴史学者という「他人」だけが考えたり、解釈したりするものではなく、「自分（たち）」もできるものとなることを述べた。「他人事」である歴史の学びが、「自分事」*にもできるわけである。「Being History」の考え方でも、「自分自身の存在・あり方を探究する」際に、学ぶことが「他人事」だと、自分自身とのつながりを感じなくなってしまい、「自分事化」しづらくなってしまう。

「探究」活動において、しばしば「自分事化」が大切といったことが言われる。例えば、**廣瀬志保「はじめに―探究とは何か」**（田村学監修・廣瀬志保編著『**高校生のための「探究」学習図鑑**』学事出版、**2022年**）では、課題の設定の際に「自分で、もしくはグループで協働して主体的に問いを立て、自分ごとにしていく」（8頁）と書かれている。高等学校における「総合的な探究の時間」では、①課題の設定、②情報の収集、③整理・分析、④まとめ・表現、の探究のサイクルを繰り返しながら、自分自身で立てた問いを更新していくことで学びにつながる。問

いを立て、その問いについて情報収集・整理・分析して表現することを繰り返していくことで、「自分事化」が促進していくことになろう。

2. 「自分事（自分ごと）」とは何か

そもそも、「自分事（自分ごと）」という言葉の意味は何か。

『日本国語大辞典』（第二版、小学館）や『広辞苑』（第七版、岩波書店）といった収録語数の多い国語辞典には掲載されていない。一方、Web上の辞典（デジタル大辞泉）には、「自分に関係のあること。我が事。[補説]近年、「他人事」に対してできた語か」とある。[補説]の説明から、「他人事」に対して最近できた言葉として捉えることができる。しかし、「自分事」について、戦前より使用されていたという見解がある。

NHK放送文化研究所が刊行する『放送研究と調査』2022年1月号に掲載された、塩田雄大「"この報告は、多くの方々が読んでいただきたいです"～2021年「日本語のゆれに関する調査」から（1）～」の中で、「自分ごと」という言葉の認知度とその使い方について調査した結果が掲載されている。その中で、1935年・1936年に小説家の矢田津世子氏の作品、1949年に洋画家の木村荘八氏の書籍、1959年に経済史学者の堀江保蔵氏の論文でそれぞれ使用されていることが紹介されている。塩田氏はこのような用例が現在の「自分事」につながるかどうかは検証が必要だが、「再発見（あるいは再度形成）されたというほうが実態に近いのではないかと予想している」と言う。塩田氏があげた数十年前の事例を読む限り、「自分事」は「自分の事」を示しており、Web上の辞典が示す意味と同様のものと考えられる。

3. 「自分事（自分ごと）」となる学び

一方、近年「自分事（自分ごと）」という言葉がタイトルに含まれる書籍が多く出されている。私の手元にある書籍の中で「自分事（自分ごと）」とは何か、具体的に説明を加えているものとして、次のようなものがある。

A. 博報堂DYグループエンゲージメント研究会『「自分ごと」だと人は動く―情報がスルーされる時代のマーケティング―』（ダイヤモンド社、2009年）

B. 村山哲哉『「自分事の問題解決」をめざす理科授業』（図書文化、2013年）

C. 博報堂大学編『「自分ごと」だと人は育つ』（日本経済新聞出版社、2014年）

D. 諏訪正樹・藤井晴行『知のデザイン―自分ごととして考えよう―』（近代科学社、2015年）

E. 菊地栄治『他人事≒自分事―教育と社会の根本課題を読み解く―』（東信堂、2020年）

F. 佐々木利廣・福原康司編著『自分事化の組織論―主体的に考え行動するためのストーリーとロジック―』（学文社、2022年）

　A・Cは、大手広告代理店の株式会社博報堂などが中心となって刊行したもので、マーケティング、コミュニケーションや人材育成を成功させるカギとして「自分ごと」の必要性を強調する。Aでは、情報ボリュームが個人の処理能力を超えて溢れかえっているために、「自分ごと」に値する情報は「スルー」されてしまう。「スルー」せずに自分が意識すること、「スルー」されずに自分にとって意識したくなることで、「自分ごと」へとつながるという（125頁）。一方、Cでは「自分ごと」とはどういう意識・状態かについて、①仕事のオーナーシップを持ったうえでのアウトプット、②未経験の仕事でも「やり遂げてみせる」という姿勢、③仕事に自分なりの意味を持って取り組む状態、④所属するチームに対する安心感や信頼感が前提としてあることの4点をあげる。（54～56頁）。

　Bは、小学校の理科の授業における問題解決のプロセスが「自分事」につながることを提案する。論理的思考（予想や仮説で立てた自分の考えを、実験データなどを用いながら検証していく）、批判的思考（何らかのデータがあるいは誰かが意見として言ったことが「本当にそうなのか?」といったんは疑ってみる）、実践的思考（実際に取り組んでみたり、生活の中で使われていることに着目したりする）の3つの思考が絡み合うことで問題解決につながっていき、そこでの経験を通じた学習や得られた知識が「自分事」となっていくという（21～25頁）。

　Dは、学びや研究する人たちに対して「自分ごととして考える」ことを勧める。「自分ごととして考える」とは、「あるできごとや知識・情報が自分のからだや生活にとってどういう意味をもつのかを一人称視点で考える」と説明する（3頁）。また、「自分ごととして考える」ためには、「一人称で問いを立てる（生活者や研究者が、自分のからだでの経験を基に問いを立てる）」ことを提唱する（169・170頁）。①仮説を立てる、②目標・計画を立てる、③疑問を抱く、④問題点を挙げる、⑤違和感を覚える、という5つのいずれかの行為を通じて、一人称的

に問いを立てることが「自分ごと」につながるという（169〜171頁）。

Eは、教育と社会の根本課題を解決するためには、「他人事≒自分事」を軸とした学びが必要であることを説く。「他人事≒自分事」とは、「「人間の限界性」と「社会の限界性」という視点を回復させ、「他者と向き合う際には判断停止を行い、社会と向き合う際には思考停止から脱却する」という試み」であるという（81頁）。また、「社会の都合に合わせて学ぶのではなく、出来事を真ん中に据えて、対話的な関係のもとで自分が他者との出来事を通して自分自身が変えられるという関係性の中で学ぶ」（79頁）ともいう。

Fは、誰もが何かしらの形で所属する経験を持つ「組織」を学ぶことについて、「自分事化」するための心構え、知識やノウハウの不足を乗り越える方法について考えるものである。経営学などで中心的なテーマである「組織論」について、これまでの研究成果・理論の中から「自分事」「自分事化」の意味を見出すことを試みている。組織というと、誰かを管理し統制するための有利な道具というイメージがあるが、例えばフォロワーシップ論では、「相手を変えることで自分の目的を達成する管理という発想から、自分を変えることで相手から支持してもらい目標を達成する支援という発想の転換」（186頁）をうながす考え方である。

A〜Fの各書籍に共通するのは、「他人」の存在を受け止めつつ、それに対して「自分」の関わりを持ったり、「自分」を変えていったりすることであろう。「自分事（自分ごと）」にとって、「他人」の存在は欠かせないのである。

さて、歴史を学ぶことに話を戻す。歴史を学ぶことを「自分事」にするためには、①自分のなかに歴史を読むこと、②歴史と自分との関係をつなげたりくらべたりすることが考えられる。前者は、例えば、**阿部謹也『自分のなかに歴史をよむ』（ちくま文庫、2007年、初出1988年）**のように、私の歴史（自分史）を語ることが思い浮かぶ。一方、後者は、学校における歴史の授業で実現できそうな学び方であろう。

歴史という「他人」やともに学ぶ「他人」の存在が、「自分事」をうながしていく。 （つづく）

＊「自分事」という表記だが、書籍によっては「自分ごと」と表記するものもある。書籍を紹介する際の表記については、その書籍の表記方法に従うこととする。

ゼロから身に付く! ChatGPT活用スキル
業務効率化、言語翻訳、文書の要約、万能シミュレーション
ChatGPT研究所/著　工学社　2023年　定価2500円＋税

　ChatGPT、Bing AI、Bardなど、近頃様々な生成系AIの発展が取り沙汰されている。本書では、ChatGPTの特徴を分析・考察しながら効果的なプロンプト（指示文）を紹介し、生成系AIの活用場面と可能性について書かれている。

　例えば、ある文章の要約を行いたい場合は指示文の後にそのままテキストを貼り付けず「###」や「"""」といった記号で区切る、「短めで、数文程度で」といったあいまいな説明を減らし「3〜5文の1段落で」など具体的に指示する、出力例を添えて指示する、などアイデアが豊富に記載されている。

　中でも興味深いのは、高度な「敬語」で接すればChatGPTの出力も良くなる（＝出力文字数が多くなる）という考察だ。

(1)「ボールペンのキャッチコピーを書け」

(2)「ボールペンのキャッチコピーを書いてください」

(3)「ボールペンのキャッチコピーをお書きいただけますか」

(4)「ボールペンのキャッチコピーをお書きいただけますでしょうか」

(5)「お忙しいところ恐れ入りますが、ボールペンのキャッチコピーをお書きいただけますでしょうか。何卒よろしくお願い申し上げます。」
（42頁）

　上記5つの表現で依頼すると、明らかに異なる出力内容が返ってくる。その要因について、「敬語で接することで、『ChatGPT』はプロフェッショナルとしての敬意を払われたことに同調して、自分自身をその段階まで引き上げたのではないか」（49頁）と説明されており、プロンプト形式次第で出力内容の質と量が左右されるらしいことがよくわかる。

　本書に限らず、最近生成系AIの活用方法や効果的なプロンプトの紹介をしている書籍・ウェブサイト*が多くあるので、それらを参考にしながらAIと戯れ、作業効率化や教室への活用方法について検討してみたい。　　　　**（米元洋次）**

*参考：promptia（https://prompt.quel.jp/）。

対話を生みだすKP法
アナログプレゼンテーションのすすめ

川嶋直／著　みくに出版　2023年　定価1500円＋税

　「KP法」のKとPは、「紙芝居」と「プレゼンテーション」の頭文字をとったものであり、川嶋直氏を中心に実践されている紙とマジックを用いたアナログなプレゼン方法である。今回の書籍は、同氏が2013年に刊行した『KP法─シンプルに伝える紙芝居プレゼンテーション─』（みくに出版）の続編であり、具体化したものでもある。

　「パワーポイントなどのスライド資料では、話さない（時間内には話さない）情報までつい書いてしまう。話せる量はいくら早口にしたとしても限界があるので、どうしても「話さないけど伝えたいこと」は「書いておけば伝わる」と錯覚して書いてしまう」（25頁）という状況に対して、KP法では、書いてあることが要点であり、話さないことは書かないので、聴く側の負担を減らし、なおかつ確実に伝えることにつながる。

　本書が特に強調するのは、タイトルにもある「対話を生みだす」という点であろう。通常のプレゼンだと、聴いて（質問して）終わりという印象が強い。しかし、川嶋氏のKP法では、プレゼン後に聴き手が何かしらの行動に移す前に、「対話」の場を生みだすことを目指している。そのために、情報量を絞り込み、シンプルかつ余白のあるプレゼンを提供する。そして、聴き手は自分の考えや疑問を新たに持ち、他者との対話を通じて、自分の考えと対比するきっかけを得ることになる（2～3頁、139～141頁）。

　このような、KP法の「作り方」「話し方」「使い方」が、本書では具体例とともに説明され尽くされている。さらに、「使い方」では、Zoomなどを利用したオンライン上での使い方まで、惜しみなく紹介している。

　なお、川嶋直・皆川雅樹編著『アクティブラーニングに導くKP法実践─教室で活用できる紙芝居プレゼンテーション法─』（みくに出版、2016年）も、学校教育の現場にいるみなさまに、いまなお参考になる実践やヒントがたくさん詰まっている。

（皆川雅樹）

BRAIN WORKOUT ブレイン・ワークアウト
人工知能（AI）と共存するための人間知性（HI）の鍛え方

安川新一郎／著　KADOKAWA　2023年　定価1,800円＋税

「AIの時代に必要なことはスキルの学び直しではなく、センスの磨き直し」（314頁）、「それくらいのことは生成AIを使えばすぐにできそうだな……」（316頁）、「どのような意味を込めて創造したのかというストーリーが重要になってくる」（316頁）、「人間に残されるのは、人間の精神や心を対象とした領域」（317頁）、「真実を探究し、それに向けて複数の専門的な概念を自分の脳の中で統合する」（321頁）、「生成AIは私達の身体の拡張した一部」（323頁）……。

本書では、人間の脳の働きが「運動」「睡眠」「瞑想」「対話」「読書」「デジタル」の6つのモードに分類されている。そして、これらを理解・意識した20のメニューを生活習慣にバランス良く取り入れることで「ブレインアスリート」となり、未来を逞しく生きていこう！と提案している。マッキンゼー、ソフトバンク社長室長時代の著者の経験と実践、そこに理論的な背景が面白いほどに融合されており、この「STORY」と「THEORY」の協奏がたまらない。また、生成AIが登場したことによる良さだけでなく、危惧すべきことにも言及したうえでの提案は他の書と一線を画す部分である。細かい字で350頁程ある書にも関わらず、読み始めると止まることなく、気づいたときには最終頁にたどり着いていた。

日本の中等教育において現在「探究」というワードが注目されている。現状、その実践に苦慮・躊躇する学校・教師が決して少なくない。ただ、時代は変わり、求められる「学力」がすでに大きく変わっている。そもそも「進路支援」とは何か？　単に「受験指導」だけで終わっていないか？　本書のトレーニングが必要なのは社会人なのだろうか？

以上のことから、まず本書を教育現場に携わる人に読んでほしい。そして、この書の内容を学校で実現するにはどうすれば良いかを是非一緒に私は考えていきたい。

（法貴孝哲）

生物を分けると世界が分かる

岡西政典／著　講談社ブルーバックス　2022年　定価1,000円＋税

分類学とは『生物を分け、名前をつけ、自然の体系の中に位置付けることで、私たちが未来永劫にわたって生物を「認識」することを可能にしている学問である』(p8)。

現在放送中の朝の連ドラ「らんまん」の主人公である牧野富太郎が生涯をかけて取り組んだ、植物に名前をつけるという行為つまり「分類」について、そもそもの話から、その未来についてまで語られている一冊。筆者は分類学者で「テヅルモヅル」と呼ばれるクモヒトデの研究者である広島修道大学人間環境学部助教の岡西政典氏。教科書では名前のついている生物の種類は190万種とあるが、2022年6月の時点で204万種ということである。日々、新しい種が発見され続けている。その最前線で何が行われてい

るか垣間見ることができる。

高等学校の必履修科目の1つとして生物基礎がある。最初の単元は「生物の特徴」。「生物とは何か」という普段あまり考えることのない、当たり前すぎることを問いとして始まる。教科書の結論は「生物とは○○である」といった定義としての言い切りではなく、4つの共通性を持っているという曖昧性を残したものである。何か釈然としないところがあるのだけれど、この本を読み進めると腑に落ちることがあった。生物の定義をするのではなく、「生物」と「生物でない」を分けることをやっているのであると。つまり、分類学の考え方を学んでいるのだと。

自然科学では法則や定義と言った1つの真理を求めてしまいがちである。しかし、古来人間が持っている本能である「分ける」という行為からなる分類学ではそうでないという一面があるということが本書では示されている。　**（木村剛）**

断片的なものの社会学

岸政彦／著　朝日出版社　2015年　定価1,560円＋税

お父さん、犬が死んでるよ。

「イントロダクション——分析されざるものたち」の一行目から、著者のいう「断片」が展開される。この、沖縄の調査対象者の自宅でのインタビューの途中でその息子さんが叫んだ、調査内容とは無関係のことばが、著者の心に鮮烈な印象を残す。

著者が一人ずつ聞き取った記録の集積は、理解や分析、解釈、意味付けを拒否したまま、ランダムに読者の前に並べられている。それがこの本だ。

著者は「統計データを使ったり歴史的資料を漁ったり、社会学の理論的な枠組みから分析をおこなったりと、そういうことが私の仕事なのだが、本当に好きなものは、分析できないもの、ただそこにあるもの、日晒しになって忘れ去られているものである」と述べている。

戦後関西のキャバレーをドサ回りしていた七十歳代のミュージシャン、隣のアパートで植木を育てる一人暮らしのおばあちゃん、小さな土偶を作る朝鮮学校の美術の先生、南洋で玉砕した部隊で奇跡的に生き残った戦争体験者…。

そして解釈や意味付けではないところの、著者の各所での断片的なコメントこそ、読者である私の心に迫る。「ある強烈な体験をして、それを人に伝えようとするとき、私たちは、語りそのものになる。語りが私たちに乗り移り、自分自身を語らせる」「インタビューの最初の質問は、海に潜るときの、最初のひと息に似ている。…語りに導かれて、深い海の底まで沈んでいく。息を止めて潜っても潜っても底が真っ暗で見えない。そして、聞き取りが終わると、ゆっくりと水面に浮かび上がっていく。水面から顔を出して、大きく息を吸い込んで気がつくと、たったひとりで夜の海に浮かんでいる。こうして、私は『この私』に還ってくる。そして、そのとき、とてもさびしい気分になる」「いつも私の頭の片隅にあるのは、私たちの無意味な人生が、自分にはまったく知りえないどこか遠い、高いところで、誰かにとって意味があるのかもしれない、ということだ」…。

なんかずるい。かっこいい。何度も手にとって読んでしまう。そして私などが紹介しても何も伝えられないのではないかと思いながらこれを書いている、そんな本でもある。

（河口竜行）

『シリーズ 学びとビーイング』編集部からのお知らせ

読者、寄稿者、編集委員が広く、つながるために

　『シリーズ 学びとビーイング』は、教育に関わる皆さんの学びと交流のハブ（Hub）になることを願って刊行をしました。本書の寄稿者や編集委員は、フェイスブックをはじめ、Twitter、インスタグラム、note、ブログなどのSNSを利用して発信をしています。それらを活用して読者、寄稿者、編集委員を巻き込む「学び―イング」のつながりをつくっていきたいと思っています。また、以下にご紹介するフェイスブックページ、LINEオープンチャットなどにもぜひご参加ください。

・フェイスブックページ「学びとビーイング」

　「学びとビーイング」についての刊行情報、トピック、トークLIVEの予定、イベント情報などを発信しています。「いいね」「フォロー」をすれば情報が届きます。

　https://www.facebook.com/ManaBeing

・LINE オープンチャット

　「学びとビーイング」の日常的な情報発信や情報交換のスペースとして、LINEのオープンチャットグループがあります。イベントや出版情報も発信しています。右のQRコードからご参加ください。

・「学び―イングトークLIVE」 アーカイブのご案内

　月に1回程度、寄稿者をゲストにオンラインでトークLIVEを配信しています。配信後には、りょうゆう出版のYouTubeチャンネルでアーカイブを公開しています。

　https://www.youtube.com/@ryoyu-pub/

・吉田新一郎さんからのお誘い

　読者のお一人の吉田新一郎さんより、ドキュメントの共有のお誘いがありました。面白い試みなのでご紹介します。更新情報は「学びとビーイング」のフェイスブックページでお知らせします。

≫≫無料で読める本の一章（第8章）があります。Googleドキュメントで開けます。読まれたら、ぜひ感想をお聞かせください。ダウンロードしてワードファイルのコメント機能で考えたこと（同意する点、疑問点、参考にしたい点等についての反応）を書き出していく方法で読まれた方は、ドキュメントの最後にあるメール・アドレス宛にファイルをお送りください。必ず、訳者からコメントや疑問・質問等へのフィードバックをお送りします。

　https://docs.google.com/document/d/1NLGVsiRh8x0I6F0zA900PpteAIXA6JKGagGyLslQ4ec/edit

『シリーズ　学びとビーイング』今後の予定

　『シリーズ　学びとビーイング』は4巻シリーズです。完結となる第4巻「学び続ける教師のあり方（Being）とは？」を2024年春に刊行予定です。

河口竜行（かわぐち・たつゆき）

「この本は、教師の成長のために作ったよ。読者にも学びを伝えたいんだ。多くの人から寄稿してもらったよ。教育現場での経験や学びなどを書いてくれたんだ。寄稿者から多くを学んだよ。読んでくれてありがとう。寄稿者の人たちにも感謝してるよ。ありがとう」──あえて話題のChatGPTでなくMicrosoft Bingに編集後記を書いてもらってみた。何度か注文を出したが、最後に「常体で」としたのがいけなかったらしい。そうくるか。

シリーズ4冊中これで3冊、この多様で学びに満ちた寄稿の数々をもっと多くの方に読んでいただきたいとますます思う。まだAIに相談しても難しそうである。やはり読者の皆さま・寄稿者の皆さまにご協力いただきつつ、自分たちで広報活動を行うしかない。フェイスブックページを始め、各種の媒体にご注目ください。

> 和洋国府台女子中学校高等学校国語科教諭。桐蔭学園・個人塾「河口塾」・渋谷教育学園渋谷を経て、23年4月より現職。産業能率大学経営学部兼任講師・キャリア教育NPO"JSBN"運営メンバー。コーチングの考え方・手法を用い、学びの主体である生徒・学生が、自分の意志で行動することのできる自立した存在になることを目ざした「対話型授業」を実践中。

木村 剛（きむら・ごう）

ハチミツプロジェクト2023シーズンも山場を迎えています。採蜜はこれまでに2回行い、残すところ1回です。今年も4月には分蜂、7月にはキイロスズメバチの襲来、8月にはスムシ発生など色々な出来事がありました。常に何かが起きます。予定調和でないことがプロジェクトの醍醐味ですね。通常、養蜂では分蜂が起きないように群をコントロールしますが、そのコントロールが上手くいきませんでした。分蜂では旧女王が群の半分を率いて、引っ越しをします。新しい棲家が見つかるまで蜂の大群が一時待機するのですが、今回は学校の正門でその一時待機が起きたのでした。何千匹の蜂が正門に集結。女王蜂を見つけ巣箱に確保するとそれまで集結していた何千匹の蜂が一斉に巣箱に移動するのでした。「センス・オブ・ワンダー」とはこのことだと思ったのでした。秋に向かうこれからは越冬に向けての準備です。未知の領域に突入するのはワクワクしますね。

> 静岡雙葉中学校・高等学校教諭（生物）。アメリカンフットボールに集中した大学を卒業後、横浜市立高校の教諭となる。教員、野外活動の実践、少林寺拳法、狩猟、ベーシストなど多様な舞台で活動している。『学ぶキミを引き出す物理基礎』（企画/執筆協力、ラーンズ）、『アクティブラーニングに導くKP法実践』（分担執筆、みくに出版）。

法貴孝哲（ほうき・たかあき）

今年に入り、制限なくたくさんの場にまた足を運べるようになった。ここ数年は、多くの企画・セミナーの対面開催が控えられていたが、その分リモート配信・動画の恩恵で、移動なく欲しい情報を得る機会はぐっと増えた。これはこれで大きなメリットだ。しかし、やっぱり物足りない！ ここに「同じ空間」を共有することの大切さがある。講師・参加者の熱意や息遣い、その場だから感じる空気感、参加者同士の対話や交流、ぶっちゃけ話……こういった「同じ空間」を共有するからこそ得られるものたちが、濃密な「時間」と「課題」をつくり出す。自分の体と意識がその場にのめり込む感覚を、少なくとも私は、リアルな場以外では獲得できない。百聞・百見は一経に如かずというように、何事も経験することが大切！ でも不安もある。だからこそ、これからも私は多くの人々からリアルな場で勇気をもらいながら、進んでいきたい。

> 清真学園高等学校・中学校教諭（数学）。SSH（スーパーサイエンスハイスクール）指定校にて数学の探究学習に15年以上携わっている。学校という時間と空間と思考を共有できる場で、自己・他者・教材との対話を通し、学び手がしなやかに成長していける授業づくりを追求している。東京書籍高校数学教科書編集委員、未来の教室ファシリテーションスキル研修修了。

皆川雅樹（みながわ・まさき）

本巻のテーマである「学校内外の場づくり」。学校「外」の「場」。学校を越えた学びの「場」？「越境学習」という言葉があります。石山恒貴他『越境学習入門』（日本能率協会マネジメントセンター、2022年）では、その定義を「ホームとアウェイを往還する（行き来する）ことによる学び」であり、「物理的な場所の移動だけではなく、個人の心理（認知）に基づくものであり、個人にとってのホームとアウェイの間にある境界を越えること」としています。学校は、「ホーム」「アウェイ」もしくは「サードプレイス」？　次巻は、そんな学校を支える教師のBeing。いよいよあと1巻。安さん、本当に売れるんですか（笑）？

産業能率大学経営学部准教授。博士（歴史学）。元専修大学附属高校教諭（日本史）。日本古代史の研究を続けるなか高校教員となる。また、学習者を主体とした教育やアクティブラーニング型授業のあり方を常に追求している。『日本古代王権と唐物交易』（単著、吉川弘文館）、『アクティブラーニングに導くKP法実践』（共編著、みくに出版）、『歴史教育「再」入門』（共編著）、『持続可能な学びのデザイン』（編著）、『失敗と越境の歴史教育』（共編著、以上3冊、清水書院）などの著書あり。

米元洋次（よねもと・ようじ）

第3巻では、私からは、これまでよりも学校の外から学校現場を見つめ支えている方、学校の先生方と伴走する外部講師の方を多めに寄稿のお願いをしました。広く「場」とは何か？学校・教室はどのような「場」なのか？　学校内外の彩り豊かな寄稿者の方々の文章を楽しみつつ、私自身もワクワク・モヤモヤしながら考え続けたいと思います。

校正作業をしながら、学生時代お世話になった先生が編著された『開放系言語学への招待』という本の「開放系」というキーワードを思い出していました。言語をそれ単体でなく社会や文化、認知といった言語以外の要因との関係から論じることを指して使っている言葉ですが、皆さんの寄稿文を読みながら、教育現場でも同じように「開放系」なあり方と視野が大切なのだろうなと感じます。

産業能率大学経営学部講師。合同会社 Active Learners 共同代表。元専修大学附属高校教諭（英語）。「参加者が主体的に学ぶ場ができればファシリテーターは一見すると消える」という行動理念のもと、ファシリテーション・カウンセリング・コーチングなどの要素を取り入れたアクティブラーニング型授業やワークショップを展開。著書『参加したい場を、一緒につくろう。』（共著・自費出版）、『アクティブラーニングに導くKP法実践』（分担執筆、みくに出版）。

安 修平（やす・しゅうへい）

『シリーズ 学びとビーイング』の第3巻をお届けします。今回のテーマは「場づくり」です。いろいろな場所や分野で活動されている方々から寄稿をいただき、その多彩さとオープンなスタンスに時代の変化を感じました。ただ多くの「場」は、立ち止まっている人に向けて、近づいてきてくれるほどに「親切」ではないように思います。まずは自らストレッチゾーンに、えいッと踏み出すのが大切なのかな。そんな風に踏み出したときに、ほどよい感触で受け入れてくれるような「場づくり」がありがたいのかもしれません。本当に完結できるの？と心配されたこのシリーズですが、第4巻は「あり方（Being）」をテーマにすでに編集作業が始まっています。良い「場」ができて、そこから新しい「本」が生まれて、さらに読者と書き手による新しい「場」が創られる。そんな循環がずっと続くといいなと思います。

合同会社りょうゆう出版代表社員。早稲田大学第一文学部ロシア文学専攻卒業後、母校の職員となり広報や教務事務を経験。30歳代半ばで出版社に転職。2019年に退職後、どうしてもつくりたい本があって、りょうゆう出版を始める。『学びとビーイング』はつくりたかった本のひとつです。

シリーズ　学びとビーイング
編集委員（学びーイングサポーター）
　　　　　　　　河口竜行（和洋国府台女子中学校高等学校教諭）
　　　　　　　　木村 剛（静岡雙葉中学校・高等学校教諭）
　　　　　　　　法貴孝哲（清真学園高等学校・中学校教諭）
　　　　　　　　皆川雅樹（産業能率大学経営学部准教授）
　　　　　　　　米元洋次（産業能率大学経営学部講師、合同会社 Active Learners 共同代表）
　　　　　　　　安 修平（合同会社りょうゆう出版代表社員）
編集協力　　　猿田詠子
　　　　　　　　本郷明美
DTP・デザイン　山中俊幸（クールインク）

　　　　　　　■シリーズ　学びとビーイング（既刊）
　　　　　　　　1. いま授業とは、学校とは何かを考える
　　　　　　　　　ISBN978-4-910675-03-9 C0037　　2022年10月刊行
　　　　　　　　2. 授業づくり、授業デザインとの対話
　　　　　　　　　ISBN978-4-910675-05-3 C0037　　2023年4月刊行

シリーズ　学びとビーイング
3. 学校内の場づくり、外とつながる場づくり

2023年10月23日　初版発行

編著者　　　河口竜行
　　　　　　　木村 剛
　　　　　　　法貴孝哲
　　　　　　　皆川雅樹
　　　　　　　米元洋次
発行者　　　安 修平
発行所　　　合同会社りょうゆう出版
　　　　　　　〒349-0217 埼玉県白岡市小久喜 1102-4
　　　　　　　電話・FAX 0480-47-0016
　　　　　　　https://ryoyu-pub.com/
印刷・製本　中央精版印刷株式会社

©2023 Printed in Japan
ISBN978-4-910675-06-0 C0037